●指導者のみなさまへ●

成績に応じて，金メダル・銀メダルをはってあげましょう。
勉強のはげみになるよう，このシールを上手に利用してください。

since 1890
受験研究社

もくじと学しゅうの記ろく

本書に関する最新情報は，当社ホームページにある**本書の「サポート情報」**をご覧ください。（開設していない場合もございます。）

1年のふくしゅう①

月　日

答え⬇べっさつ1ページ

時間 30分
合かく 80点
とく点　点

シール

1 つぎの□に 当《あ》てはまる 漢字《かんじ》を 書《か》きましょう。（24点／一つ2点）

(1) □《むら》の 外《はず》れに □《はやし》が ある。

(2) 校門《こうもん》から □《はい》って くる □《ひと》が いる。

(3) 海《うみ》べで □《かい》を □《み》つけた。

(4) 小さな □《いし》が □《みぎ》がわに ある。

(5) □《おお》きな 番《ばん》□《けん》が ほえる。

(6) 新《あたら》しい □《じ》を □《まな》ぶ。

たいせつ

2 つぎの ——線《せん》の 漢字の 読《よ》み方《かた》を、〔　〕に ひらがなで 書きましょう。（20点／一つ2点）

(1) へやの 外《そと》に 出〔　〕て、走《はし》り出〔　〕した。

(2) 木〔　〕曜日《ようび》には、にわの 木〔　〕を 切《き》ろう。

(3) がけの 下〔　〕に 行《い》くには、この さかを 下〔　〕りなければ ならない。

(4) 来《らい》月〔　〕には、月〔　〕は まん丸《まる》に なるだろう。

(5) こん虫〔　〕図《ず》かんで 虫〔　〕に ついて しらべる。

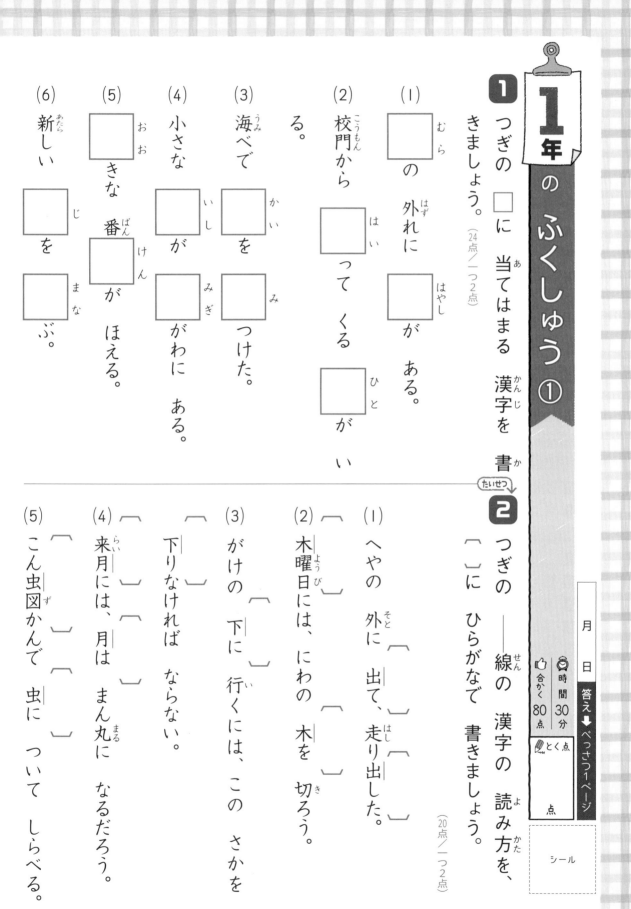

3 つぎの 漢字の ひつじゅんの、正しい ほうの 記号《きごう》に ○を つけましょう。（28点／一つ4点）

(1) 川　ア 丨 ﾉ丨 川　イ ノ 丿丨 川

(2) 左　ア ノ ナ 𠂇 左 左　イ 一 ナ 𠂇 左 左

(3) 草　ア 一 十 艹 艹 芢 苜 荁 草　イ 丶 丷 艹 艹 芢 苜 荁 草

(4) 水　ア ㇇ 才 水 水　イ 亅 才 水 水

(5) 目　ア 丨 冂 月 目 目　イ 丨 ⺊ 月 目 目

(6) 中　ア 丨 刂 中 中　イ 丶 冖 口 中

(7) 上　ア ⺊ ⺊ 上　イ 丨 ⺊ 上

4 つぎの □に 当てはまる 漢字を 書きましょう。（12点／一つ2点）

(1) □《しろ》い □《いと》で ぬう。

(2) □《くち》に □《て》を 当てる。

(3) □《ゆう》方《がた》には □《そら》が くらく なる。

5 つぎの ――線の 漢字の 読み方を、〔 〕に ひらがなで 書きましょう。（16点／一つ2点）

(1) 今日《きょう》の 天気〔 〕は 雨〔 〕だ。

(2) 竹〔 〕から おひめさまが 生〔 〕まれる。

(3) この 犬〔 〕の 耳〔 〕は とがって いる。

(4) うち上げ花火〔 〕が 円〔 〕く 広《ひろ》がる。

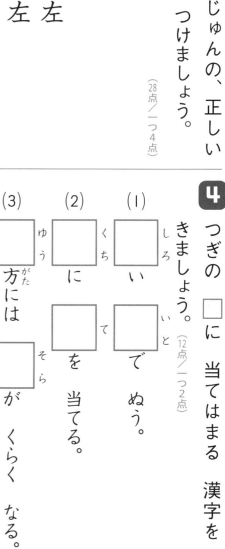

1年のふくしゅう②

1 かなづかいの 正しい ほうの 記号《きごう》に ○を つけましょう。（30点／一つ5点）

(1) ア じめん　イ ぢめん

(2) ア おうぞら　イ おおぞら

(3) ア とうる　イ とおる

(4) ア つまずく　イ つまづく

(5) ア すいどお　イ すいどう

(6) ア つずく　イ つづく

2 つぎの 文の 中で、かたかなで 書《か》く ことばを さがして、れいのように 書き直《なお》しましょう。（30点／一つ5点）

れい 公園《こうえん》で しいそおに のりました。

〔しいそお → シーソー〕

(1) ふみきりの 音は かん、かん、かんです。それは けいほうきの 音です。

〔　→　〕

(2) 赤い らんぷが 右、左、右、左と 光《ひか》ります。

〔　→　〕

(3) ばすも とらっくも じてん車も、おとなも 子どもも みんな 止《と》まります。

〔　→　〕〔　→　〕

(4) こつこつ、かたかたと 音を 立てて、おつとめに 行《い》く 人たちが、歩《ある》きだします。

〔　→　〕〔　→　〕

月　日

答え➡べっさつ1ページ

時間 30分　合かく 80点

とく点　　点

シール

3 つぎの 文章《ぶんしょう》の 〔 〕に 入る ことばを あとから えらんで、記号で 書きましょう。（同《おな》じ 記号は 二度《にど》 つかえません）

（20点／一つ4点）

(1) 一生けんめい なわとびの れんしゅうを しました。〔 〕、うまく できるように なりました。

(2) この 手紙《てがみ》を お父《とう》さん 〔 〕、お母《かあ》さんに わたして ください。

(3) 天気よほうは 晴《は》れでした。〔 〕、雨が ふりはじめました。

(4) あぶに さされました。〔 〕、はちにも さされました。

(5) クッキーを 食《た》べますか。〔 〕、チョコレートを 食べますか。

ア けれども　**イ** そのうえ　**ウ** それとも　**エ** だから　**オ** または

4 つぎの 文の 〔 〕に 入る ことばを あとから えらんで、記号で 書きましょう。（同じ 記号は 二度 つかえません）

（20点／一つ4点）

(1) しんかんせんが 〔 〕 スピードを 上げて 走《はし》る。

(2) 風《かぜ》が 〔 〕 ふいて、気《き》もちが いい。

(3) 夏《なつ》は 太陽《たいよう》が 〔 〕 かがやいて あつい。

(4) どんぐりが 坂道《さかみち》を 〔 〕 ころがって いった。

(5) ねこが 足音も たてず、〔 〕 えものに 近《ちか》づいた。

ア そっと　**イ** びゅんびゅん　**ウ** そよそよ　**エ** ぎらぎら　**オ** ころころ

1年のふくしゅう③

月　日

答え→べっさつ1ページ

時間 30分　合かく 80点　とく点　点

シール

1 つぎの 文章《ぶんしょう》を 読《よ》んで、あとの といに 答《こた》えましょう。

あなたが あそびに つかう シャベルも、土や すなを すくう どうぐです。

大きな スコップは、もっと たくさんの 土や すなを ほったり、すくったり する どうぐです。

そして、パワーショベルは、いっぺんに 土を たくさん ほったり、どっさり すくいとる 大きな 強《つよ》い どうぐです。

町や 工場《こうば》には、大きくて 強い どうぐが たくさん あります。

その 大きくて 強い どうぐは、わたしたちの うちで つかう 小さな どうぐと 同《おな》じような はたらきを して います。

［　　］、大きな どうぐは、小さな どうぐより もっと 早く もっと 強く もっと もっと たくさんの しごとを やって しまいます。

（かこ さとし「どうぐ」）

(1) 「シャベル」は、どんな どうぐですか。(10点)

〔　　　　〕

(2) この 文章に 出てくる どうぐを、小さな どうぐから 大きくて 強い どうぐの じゅんに 書《か》きましょう。(15点／一つ5点)

〔　　　　〕→〔　　　　〕→〔　　　　〕

(3) ［　］に 当《あ》てはまる ことばを、つぎから えらびましょう。(10点)

ア だから　イ でも　ウ それに

〔　　〕

(4) 大きな どうぐは、小さな どうぐと く

らべて、どのように　ちがいますか。(15点)

［　　　　　　　　］

2 つぎの　文章を　読んで、あとの　といに答えましょう。

二学期《にがっき》に　なって　教室《きょうしつ》の　せきじゅんが、かわりました。

タカシは、ミドリと　ならぶ　ことに　なりました。

「あたし、がっかりだわ…。」

ミドリは、タカシの　ほうを　ちらっと見て、後《うし》ろの　せきの　マリ子に　いいました。

タカシは、むっと　しました。

「ぼくの　ほうだって、がっかりさ。」

もう　少《すこ》しで、そう　いいそうに　なりました。

（おおいし　まこと「白い　子犬」）

(1) この　文章では、いつごろの　できごとが書かれて　いますか。［　］に　当てはまることばを　書きましょう。(10点)

［　　　　］が　はじまった　ころ。

(2) 「あたし、がっかりだわ…。」と　いったのは、だれですか。(10点)

［　　　　］

(3) 「タカシは、むっと　しました」と　ありますが、どんな　気もちに　なったのですか。つぎから　えらびましょう。(15点)

ア　とても　かなしい　気もち。

イ　とても　くやしい　気もち。

ウ　おこりたく　なる　気もち。

［　　］

(4) 「そう　いいそうに」と　ありますが、どう　いいそうに　なったのですか。文中《ぶんちゅう》から　ぬきだしましょう。(15点)

［　　　　　　　　］

1 漢字《かんじ》を読《よ》む

学習のねらい

漢字には、音読みと訓読みがあります。文全体の意味と送りがなに気をつけて読み分けます。形のよく似た漢字を区別することも大切です。

月　日

答え⬇べっさつ2ページ

ステップ1

1 つぎの――線《せん》の漢字《かんじ》の読《よ》み方《かた》を、〔　〕にひらがなで書《か》きましょう。

(1) 気もちの〔　〕よい朝を〔　〕むかえた。

(2) バスに〔　〕のって、家に〔　〕帰る。

(3) 国語と〔　〕算数が〔　〕すきだ。

(4) 汽車に〔　〕のって行《い》く。

(5) 山では〔　〕小鳥が〔　〕鳴いていた。

(6) 広い〔　〕海には、〔　〕いろいろな魚が〔　〕いる。

2 つぎの漢字のつかい方の正しいほうの記号《きごう》に○をつけ、〔　〕に読み方を書きましょう。

(1) 山の｛ア 谷間　イ 谷聞｝にさく花。〔　〕

(2) 夕食《ゆうしょく》の時間《じかん》は｛ア 牛後　イ 午後｝七時だ。〔　〕

(3) 明日《あす》は｛ア 休日　イ 体日｝です。〔　〕

(4) 男女の｛ア 人数　イ 人教｝を合《あ》わせる。〔　〕

3 つぎの ——線の 漢字の 読み方を、れいに ならって 〔 〕に 書きましょう。

れい
二年生の 男子。〔だん〕
二年生の 男の子。〔おとこ〕

(1)
新年の あいさつ。〔 〕
新しい 本。〔 〕
気もちを 新たに する。〔 〕

(2)
歩《ある》いて 通学する。〔 〕
学校に 通う。〔 〕
右がわを 通る。〔 〕

(3)
毎日《まいにち》 日記を 書く。〔 〕
日づけを 記す。〔 〕

(4)
うんどう場で あそぶ。〔 〕
時《とき》と 場合に よる。〔 〕

(5)
ぼくは 工作が すきだ。〔 〕
大工さんが たてた 家。〔 〕

4 あとの 漢字を なかまに 分《わ》けて、それぞれの くん読みを 書きましょう。

（れいの 「鳥」の くん読みは 「とり」で、音《おん》読みは 「ちょう」です。）

(1) 生きもの れい〔鳥・とり〕〔 ・ 〕〔 ・ 〕〔 ・ 〕

(2) 家族《かぞく》〔 ・ 〕〔 ・ 〕〔 ・ 〕

(3) たてもの〔 ・ 〕〔 ・ 〕

(4) 体《からだ》〔 ・ 〕〔 ・ 〕

鳥	母	弟	首	貝
妹	店	牛	寺	頭

STEP 2

ステップ2

月　日

答え⬇べっさつ2ページ

時間 30分　合かく 80点

とく点　点

シール

1 つぎの ——線《せん》の 漢字《かんじ》は 形《かたち》が にて いますが、読《よ》み方《かた》は ちがいます。〔　〕に 読み方を 書《か》きましょう。（24点／一つ2点）

(1) 海〔　〕水　毎〔　〕日

(2) 教〔　〕室　数〔　〕字

(3) 時間〔　〕　新聞〔　〕

(4) 今〔　〕週　会〔　〕社

(5) 図〔　〕書　国〔　〕立

(6) 市内〔　〕　牛肉〔　〕

2 つぎの ——線の 漢字の 読み方を、〔　〕に ひらがなで 書きましょう。（24点／一つ2点）

(1) 〔　〕後ろを 見る。

(2) 〔　〕雪が ふる。

(3) 〔　〕昼に なる。

(4) 線が 〔　〕交わる。

(5) 〔　〕古い 本。

(6) 木と 木の 〔　〕間。

(7) 友《とも》だちの 〔　〕顔。

(8) 学校は 〔　〕楽しい。

(9) こまを 〔　〕回す。

(10) パンを 〔　〕食べる。

(11) 時間を 〔　〕計る。

(12) 漢字を 〔　〕用いる。

たいせつ

3 つぎの ――線の 漢字の 読み方を、〔 〕に ひらがなで 書きましょう。

（32点／一つ2点）

(1)〔　　〕黄色い 〔　　〕花。

(2)〔　　〕広場で 〔　　〕あそぶ。

(3)〔　　〕朝食を 〔　　〕とる。

(4)〔　　〕絵本を 〔　　〕読む。

(5)〔　　〕音楽を 〔　　〕きく。

(6)〔　　〕親切な 〔　　〕人。

(7)〔　　〕地図を 〔　　〕見る。

(8)〔　　〕一人で 〔　　〕できる。

(9)〔　　〕小麦を 〔　　〕作《つく》る。

(10)〔　　〕毎週 〔　　〕行《い》く。

(11)〔　　〕中止する。〔　　〕

(12)〔　　〕計画を 〔　　〕立てる。

(13)〔　　〕二日 〔　　〕かかる。

(14)〔　　〕交通あんぜん。〔　　〕

(15)〔　　〕当番に 〔　　〕なる。

(16)〔　　〕人形を 〔　　〕もらう。

4 つぎの 漢字の 読み方で 正しい ものに ×に ○を、まちがって いる ものを、れいに ならって つけましょう。

（20点／一つ2点）

れい 左 〔⊙ひだり ×みぎ ⊙さ〕

(1) 魚 〔・さかな ・とり ・うお〕

(2) 体 〔・きゅう ・からだ ・たい〕

(3) 冬 〔・ふゆ ・とう ・はる〕

(4) 形 〔・かたち ・にん ・けい〕

(5) 話 〔・はなし ・ご ・わ〕

(6) 秋 〔・しゅん ・しゅう ・あき〕

(7) 生 〔・しょう ・そう ・せい〕

(8) 兄 〔・きょう ・だい ・あに〕

(9) 鳥 〔・とり ・めい ・ちょう〕

(10) 友 〔・ゆう ・とも ・や〕

2 漢字《かんじ》を 書《か》く

学習のねらい

漢字の筆順では、原則をいつも意識して書くようにしましょう。形の似ている漢字の筆順を、できるだけ関係づけて理解するとよいでしょう。

月　日

答え⬇べっさつ2ページ

ステップ1

1 つぎの □に 当《あ》てはまる 漢字《かんじ》を 書《か》きましょう。

(1) □《おとうと》と おやつを □《わ》ける。

(2) 大きな □《こえ》で □《うた》う。

(3) □□《おやこ》で □□《こうえん》に 行《い》く。

(4) □《いけ》で □□《げんき》よく およぐ。

(5) □《いわ》が □《みち》を ふさぐ。

(6) □《ほそ》い 糸を □《ひ》っぱる。

(7) □《たい》温《おん》□《けい》。

(8) □□《えんそく》で 山を □《ある》く。

(9) □《は》れた 空に □《ほし》が 見える。

2 つぎの 漢字の 赤色《あかいろ》の ところは、何番《なんばん》目《め》に 書きますか。〔　〕に 数字《すうじ》を 書きましょう。

(1) 考〔　〕
(2) 色〔　〕
(3) 方〔　〕
(4) 父〔　〕
(5) 止〔　〕
(6) 当〔　〕
(7) 昼〔　〕
(8) 門〔　〕
(9) 何〔　〕
(10) 麦〔　〕
(11) 用〔　〕
(12) 半〔　〕

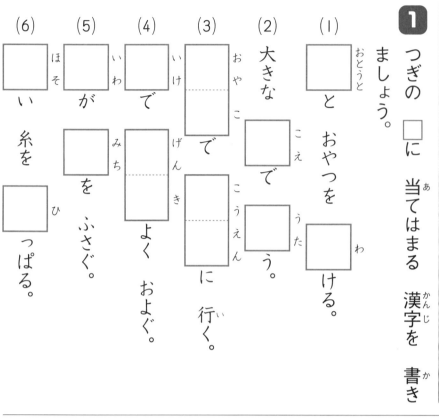

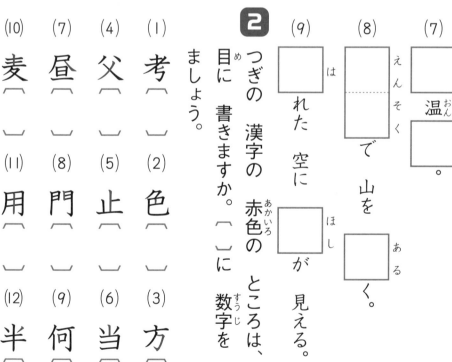

3 つぎの 漢字の ひつじゅんの、正しい ほうの 記号《きごう》に ○を つけましょう。

(1) 西 ア 一 厂 丙 丙 西 西 / イ 一 丆 兀 丌 西 西
(2) 米 ア 丶 丷 丷 半 米 米 / イ 一 十 斗 半 米 米
(3) 玉 ア 一 二 三 王 玉 / イ 一 丅 干 王 玉
(4) 長 ア 一 厂 F E 巨 長 長 / イ 丨 厂 F E 巨 長 長
(5) 画 ア 一 厂 丙 币 亩 画 画 / イ 一 厂 丙 币 亩 画 画
(6) 図 ア 丨 冂 冂 冈 冈 図 図 / イ 丶 丷 ツ 㐅 区 図 図
(7) 妹 ア 𠃋 女 女 妒 奸 妹 / イ 𡿨 女 女 妒 奸 妹

4 つぎの 漢字の 同《おな》じ 部分《ぶぶん》を、れいに ならって 〔 〕に 書きましょう。

れい 読・語・話 ……〔 言 〕

(1) 村・林・校 ……〔 〕
(2) 紙・組・絵 ……〔 〕
(3) 何・作・休 ……〔 〕
(4) 室・家・安 ……〔 〕
(5) 雲・雪・電 ……〔 〕
(6) 春・昼・早 ……〔 〕
(7) 右・古・名 ……〔 〕
(8) 図・回・国 ……〔 〕
(9) 道・通・近 ……〔 〕
(10) 七・三・下 ……〔 〕
(11) 池・海・汽 ……〔 〕
(12) 花・草・茶 ……〔 〕
(13) 学・字・子 ……〔 〕

ステップ2

月　日

答え⬇べっさつ3ページ

時間 30分
合かく 80点
とく点　点

シール

1 つぎの 文から 漢字《かんじ》の まちがいを さがして、れいのように 書《か》き直《なお》しましょう。(10点／一つ2点)

れい ぞうの 休は 大きい。 休 → 体

(1) 少さな 星が 光る。 □ → □

(2) 地には 魚が たくさん いる。 □ → □

(3) 買店の パンが 売り切れる。 □ → □

(4) 秋に 音学会が 行われる。 □ → □

(5) 大くの 友だちが あそびに 来る。 □ → □

2 つぎの □に 当《あ》てはまる 漢字を 書きましょう。(24点／一つ2点)

(1) 馬《うま》が □《はし》る。

(2) 母《はは》を □《おも》い出す。

(3) □《ひろ》い にわ。

(4) 風車《ふうしゃ》が □《まわ》る。

(5) □《おな》じ 色《いろ》。

(6) 手を □《あ》わせる。

(7) 家《いえ》に □《かえ》る。

(8) 日に □《あ》たる。

(9) □《せん》を 引《ひ》く。

(10) □《こま》かく 分《わ》ける。

(11) 気が □《よわ》い。

(12) じっと □《かんが》える。

たいせつ

3 つぎの ことばを 漢字で 書きましょう。（30点／一つ2点）

(1) かおいろ
(2) と　ち
(3) おやうし
(4) なまえ
(5) はなぞの
(6) とけい
(7) とうばん
(8) こんや
(9) かいしゃ
(10) のやま
(11) せいかつ
(12) かいわ
(13) がくねん
(14) ゆみや
(15) はんぶん

たいせつ

4 つぎの 二通《ふたとお》りの 読《よ》み方《かた》を する 漢字を、れいに ならって 書きましょう。（18点／一つ3点）

れい ガク・まな(ぶ)……学

(1) シン・こころ……
(2) ゴ・うし(ろ)……
(3) ソウ・くさ……
(4) トウ・あたま……
(5) シュ・くび……
(6) ドウ・みち……

たいせつ

5 つぎの 漢字は 何画《なんかく》で 書きますか。〔　〕に 数字《すうじ》を 書きましょう。（18点／一つ3点）

(1) 組〔　〕
(2) 古〔　〕
(3) 自〔　〕
(4) 遠〔　〕
(5) 場〔　〕
(6) 谷〔　〕

STEP 3

ステップ3

1～2

月　日

答え➡べっさつ3ページ

時間 30分　合かく 80点

とく点　点

シール

1 つぎの れいに ならって、ばらばらに なった 漢字《かんじ》を 元《もと》に もどしましょう。

（14点／一つ2点）

れい　几＋㇒＋虫＝風

(1) 頁＋产＋彡＝□

(2) ヨ＋刂＋帀＝□

(3) 木＋白＋冫＝□

(4) 廾＋⺮＋目＝□

(5) 由＋八＋龷＝□

(6) 𧘇＋辶＋土＝□

(7) 立＋木＋見＝□

たいせつ 2 つぎの □に、反対《はんたい》の いみの 漢字を 書《か》きましょう。

（16点／一つ2点）

(1) 書く―□む

(2) 聞く―□す

(3) 行く―□る

(4) 黒―□

(5) 多―□

(6) 前―□

(7) 左―□

(8) 大―□

3 つぎの ―線《せん》の 漢字の 読《よ》み方《かた》を、〔 〕に ひらがなで 書きましょう。

（16点／一つ2点）

(1) 〔　〕角で 〔　〕頭を うつ。

(2) 〔　〕姉と 〔　〕妹。

(3) 〔　〕丸い 〔　〕肉だんご。

(4) 〔　〕小鳥の 〔　〕羽。

4
つぎの □ の 中の 漢字を 二つずつ 組《く》み合《あ》わせて、漢字を 九こ 作《つく》りましょう。（18点／一つ2点）

れい 田＋力→〔男〕

山	市	鳥
言	心	竹
会	石	売
合	王	青
日	女	口
糸	田	里

〔　〕〔　〕〔　〕〔　〕〔　〕〔　〕〔　〕〔　〕〔　〕

たいせつ
5
つぎの れいに ならって、上と 同《おな》じ 部分《ぶぶん》の ある 漢字を 三つずつ 書きましょう。（18点／一つ3点）

れい 木 ……〔村・林・校〕

(1) 日 ……〔　・　・　〕

(2) 言 ……〔　・　・　〕

(3) 氵 ……〔　・　・　〕

(4) 艹 ……〔　・　・　〕

(5) 雨 ……〔　・　・　〕

(6) 辶 ……〔　・　・　〕

たいせつ
6
つぎのような 音読《おん》みの 漢字を、れいに ならって 三つずつ 書きましょう。（18点／一つ3点）

れい（チ）—〔知・地・池〕

(1)（カ）—〔　・　・　〕

(2)（キ）—〔　・　・　〕

(3)（シ）—〔　・　・　〕

(4)（セイ）—〔　・　・　〕

(5)（チョウ）—〔　・　・　〕

(6)（トウ）—〔　・　・　〕

3 かたかな

学習のねらい
かたかなで書く言葉にはどんなものがあるのかを理解します。「シ」と「ツ」や「ソ」と「ン」など、書き間違えやすい文字にも注意します。

月　日

答え⬇べっさつ4ページ

ステップ1

1 かたかなは ひらがなに、ひらがなは かたかなに、それぞれ［　］に 書《か》き直《なお》しましょう。

ウ［　］	キョ［　］	ゆ［　］	きゃ［　］
キ［　］	シュ［　］	も［　］	ちゅ［　］
ソ［　］	ニャ［　］	わ［　］	にょ［　］
エ［　］	リュ［　］	ま［　］	ひょ［　］
ヌ［　］	ギャ［　］	て［　］	ぎゅ［　］
ヲ［　］	ジョ［　］	よ［　］	じゃ［　］
ネ［　］	ピャ［　］	る［　］	ぴょ［　］

2 つぎの ひらがなの ことばを かたかなに 直しましょう。

(1) ちゃぷちゃぷ……［　］

(2) ふらんす……［　］

(3) しゅうくりいむ［　］

3 つぎの ——線《せん》の ことばを、正しく 書き直しましょう。

(1) こう茶《ちゃ》は すきだけど、ユーヒーは にがくて のめない。［　］

(2) しゃしんを とる ために カナラを もって 出かけた。［　］

(3) 公園《こうえん》で シーンーに のって あそんだ。［　］

(4) つかれて 歩《ある》けないので クタシーに のって 帰《かえ》った。［　］

(5) 駅前《えきまえ》で クラヌの 友《とも》だちと 会《あ》った。［　］

4 つぎの　文章《ぶんしょう》を　読《よ》んで、あとの　といに　答《こた》えましょう。

それでは、かたかなで　書く　ことばには、どんな　ものが　あるのでしょうか。

まず、外国《がいこく》から　入って　きた　ことばです。「①ちょこれえと」「②べんち」などの、ものの　名まえが　そうです。「③どいつ」「④ぶらじる」などの　国《くに》の　名まえや、「⑤もすくわ」「⑥かいろ」などの　外国の　都市《とし》の　名まえ、「⑦のおべる」「⑧ぴかそ」などの　外国の　人の　名まえも、かたかなで　書きます。

まだ　あります。「⑨ごろごろ」「⑩ぴちゃぴちゃ」などの　物音《ものおと》や、「⑪わんわん」「⑫ちゅんちゅん」などの　動物《どうぶつ》の　鳴《な》き声《ごえ》です。

わたしたちは、たくさんの　かたかなの　ことばに　かこまれて　くらして　いるのですね。

(1) ――線①～⑫の　ことばを、かたかなで　書きましょう。

① 〔　　〕　② 〔　　〕
③ 〔　　〕　④ 〔　　〕
⑤ 〔　　〕　⑥ 〔　　〕
⑦ 〔　　〕　⑧ 〔　　〕
⑨ 〔　　〕　⑩ 〔　　〕
⑪ 〔　　〕　⑫ 〔　　〕

(2) 文章を　さん考《こう》に　して、かたかなで　書く　ほうの　記号《きごう》に　○を　つけましょう。

① ア たまごやき　イ はんばあぐ
② ア ぴあの　イ たてぶえ
③ ア あおもり　イ ろんどん
④ ア とんとん　イ もしもし
⑤ ア かなだ　イ にほん
⑥ ア たろう　イ しんでれら

ステップ2

STEP 2

たいせつ

1 つぎの ひらがなの ことばを かたかなに 直《なお》しましょう。（20点／一つ2点）

(1) べっど……〔　　〕
(2) だむ……〔　　〕
(3) だいやる……〔　　〕
(4) ちゅうりっぷ……〔　　〕
(5) せろはんてえぷ〔　　〕
(6) のおと……〔　　〕
(7) へりこぷたあ……〔　　〕
(8) ちゃいむ……〔　　〕
(9) すとおぶ……〔　　〕
(10) ぷらすちっく……〔　　〕

2 つぎの かたかなを ひらがなに 直しましょう。（16点／一つ2点）

ス〔　　〕 ツ〔　　〕 フ〔　　〕 ミ〔　　〕
タ〔　　〕 チ〔　　〕 ラ〔　　〕 サ〔　　〕

3 つぎの □の 中の ことばを かたかなに して、あとの 〔　〕に なかま分《わ》けしましょう。（36点／一つ2点）

とらっく	みるく	りんかあん
ぺんぎん	どすん	かあかあ
ぴよぴよ	ばたあ	ばいく
ぱちぱち	どいつ	ちんぱんじい
じゃっく	えじぷと	みしん
てにす	てれび	ごるふ

(1) 生きもの〔　　〕〔　　〕
(2) 食《た》べもの〔　　〕〔　　〕
(3) のりもの〔　　〕〔　　〕
(4) 物《もの》音《おと》〔　　〕〔　　〕
(5) 鳴《な》き声《ごえ》〔　　〕〔　　〕
(6) 国《くに》の 名〔　　〕〔　　〕

月　日

時間 30分　合かく 80点　とく点　点

答え⬇べっさつ4ページ

シール

(7) 人の 名〔　　〕〔　　〕

(8) うんどう〔　　〕〔　　〕

(9) 道《どう》具《ぐ》〔　　〕〔　　〕

4 つぎの かたかなの 文章《ぶんしょう》で、そのままで よい ものには ○を つけ、ひらがなや 漢字《かんじ》に 直す ものは、その よこに 書《か》き直しましょう。（17点／一つ1点）

オサラ ヲ ガチャン ト テーブル ニ
ブツケタ。スルト オサラ ガ マップタツ
ニ ワレテ、クッキー ガ アタリ ニ
チラバッタ。

5 つぎの 文で、書き方《かた》の まちがって いる ところに ——線《せん》を 引《ひ》いて、〔　〕に 正しく 書き直しましょう。（11点／一つ1点）

(1) ぼくは プールに どぼんと とびこんだ。〔　　〕

(2) すず虫が りいんりいんと 鳴いて いる。〔　　〕

(3) 弟《おとうと》は すとろおで じゅうすを のんで いる。〔　・　〕

(4) らじお体《たい》そうが すんで、朝《あさ》の ゴハンを 食《た》べた。〔　・　〕

(5) めがねの れんずが われて しまった。〔　・　〕

(6) でぱあとの 前《まえ》で ばすを 下りた。〔　・　〕

(7) イスに すわって、えじそんの でん記《き》を 読《よ》む。〔　・　〕

4 かなづかい

学習のねらい

ほとんどの言葉は、発音どおりに書きます。助詞の「は」「を」「へ」や、「ず」と「づ」、「じ」と「ぢ」の使い分け、「っ」「ゃ」「ゅ」「ょ」の小さく書く文字に注意します。

月　日

答え⬇べっさつ5ページ

STEP 1 ステップ1

1 かなづかいの 正しい ほうに ○を つけましょう。

(1) 本屋《ほんや》さんで 本 {お／を} 買《か》う。

(2) 友《とも》だちと 学校 {へ／え} 行《い》く。

(3) ぼく {わ／は} 元気《げんき》だ。

(4) お母《かあ》さん {を／お} むかえに 行く。

(5) 森 {え／へ} きのことりに 行く。

(6) お姉《ねえ》さん {は／わ} 中学生だ。

2 つぎの ことばには、まちがって いる ところが あります。〔　〕に 正しく 書《か》き直《なお》しましょう。

(1) せんせえ →〔　　〕

(2) いもおと →〔　　〕

(3) おうきい →〔　　〕

(4) おとおさん →〔　　〕

(5) かんがへる →〔　　〕

(6) みかずき →〔　　〕

(7) とうまわり →〔　　〕

(8) かすりきづ →〔　　〕

(9) もみぢがり →〔　　〕

(10) こおじょう →〔　　〕

3 つぎの 文の〔　〕に、［　］から ひらがなを 一字を えらんで 入れましょう。

(1) お母さん〔　〕、あさが〔　〕に、水〔　〕やった。

(2) 〔　〕兄《にい》さんと、わたし〔　〕、かべの 絵《え》〔　〕はずした。

(3) 犬〔　〕ねこ〔　〕おいかけ、ねこ〔　〕ねずみ〔　〕おいかける。

(4) わたし〔　〕、友だちと こう〔　〕ん に 行く つもりだ。

(5) 弟《おとうと》が、〔　〕父さんと、図《と》書《しょ》館《かん》〔　〕行った。

(6) 友だちに 本〔　〕、〔　〕たした。

は　お　わ　へ　を　え

4 かなづかいの 正しい ほうの 記号《きごう》に ○を つけましょう。

(1) ｛ア コップ／イ コツプ｝に ｛ア ぎゅうにゅう／イ ぎゆうにゆう｝を そそぐ。

(2) 雨つぶが ｛ア ぽつつ／イ ぽつっ｝と おちる。

(3) うさぎが ｛ア ぴょん／イ ぴよん｝と はねる。

(4) かみの 毛《け》を ｛ア シャンプー／イ シヤンプー｝で あらう。

(5) ｛ア ほつきよく／イ ほっきょく｝を たんけんする。

(6) ｛ア いっしょ／イ いつしよ｝に 出かけよう。

ステップ2

月　日

時間 30分　合かく 80点

とく点　　点

答え⇒べっさつ5ページ

シール

1 かなづかいの 正しい ほうを 大きく ◯ で かこみましょう。（40点／一つ2点）

(1) 休み時間《じかん》に ｛なわとび／なはとび｝｛を／お｝ したら、あせが ｛いつぱい／いっぱい｝ 出た。

(2) ｛きのお／きのう｝、｛ねえさん／ねいさん｝と ｛おじさん／おぢさん｝の うち ｛へ／え｝ 行《い》った。

(3) ふろしき ｛ずつみ／づつみ｝ の 中から みかん を ｛一つずつ／一つづつ｝ 出した。

(4) ｛どうぶつえん／どおぶつえん｝では 子ども ｛づれ／ずれ｝ の 人の れつが、長《なが》く ｛つづいて／つずいて｝ いた。

(5) ｛ろうか／ろおか｝は、｛しづかに／しずかに｝ 歩《ある》こう。

(6) 木を ｛けづって／けずって｝ もけい ｛ひこうき／ひこおき｝ を 作《つく》った。

(7) ｛たとえ／たとへ｝ 少《すこ》しでも いい。これから、毎月《まいつき》 ｛ちょきん／ちよきん｝ を しよう。

(8) 学級会《がっきゅうかい》が、｛おこなはれる／おこなわれる｝。

(9) ｛めづらしい／めずらしい｝ 花が さいて いる。

たいせつ

2 かなづかいの 正しい ほうの 記号《きごう》に ○を つけましょう。（36点／一つ2点）

(1) ア おうかみ　イ おおかみ

(2) ア こうえん　イ こおえん

(3) ア あおい　イ あをい

(4) ア こうづい　イ こうずい

(5) ア はづかしい　イ はずかしい

(6) ア おととい　イ をととい

(7) ア いう　イ ゆう

(8) ア すづめ　イ すずめ

(9) ア こずかい　イ こづかい

(10) ア すいとう　イ すいとお

(11) ア どおろ　イ どうろ

(12) ア きしゃ　イ きしや

(13) ア こうり　イ こおり

(14) ア とおい　イ とうい

(15) ア しんごお　イ しんごう

(16) ア せいと　イ せえと

(17) ア そおじ　イ そうじ

(18) ア かなずち　イ かなづち

3 二つの ことばを 合《あ》わせて、一つの ことばに しましょう。（12点／一つ3点）

(1) はな ＋ ち　〔　　〕

(2) ゆのみ ＋ ちゃわん　〔　　〕

(3) おちゃ ＋ つけ(る)　〔　　〕

(4) わる(い) ＋ ちえ　〔　　〕

4 つぎの 〔　〕に 「じ」「ぢ」「ず」「づ」の どれかを 入れて、いみの とおる 文に しましょう。（12点／一つ4点）

(1) 石に つま〔　　〕いた。

(2) 店《みせ》で 魚《さかな》の かん〔　　〕めを 買《か》った。

(3) セーターが ち〔　　〕んだ。

5 おくりがな

学習のねらい

活用語は、活用語尾を送るのが原則です。例外は、それぞれ確実に覚えるようにします。複数の読みがある漢字にも注意しましょう。

月　日

答え⬇べっさつ5ページ

ステップ1

1 おくりがなの 正しい ほうの 記号《きごう》に ○を つけましょう。

(1) 友《とも》だちと ｛ア 話す　イ 話なす｝。

(2) 夜《よる》が ゆっくりと ｛ア 明る　イ 明ける｝。

(3) おかしが 一つ ｛ア 足ない　イ 足りない｝。

(4) ぼくは そう ｛ア 思わない　イ 思ない｝。

(5) さむいので、こたつに ｛ア 入いる　イ 入る｝。

(6) みかんを ｛ア 五つ　イ 五つつ｝ 買《か》う。

(7) もんだいを ｛ア 考がえる　イ 考える｝。

(8) ｛ア 楽い　イ 楽しい｝ 遠足《えんそく》。

(9) 同《おな》じ 大きさに ｛ア 分る　イ 分ける｝。

(10) しつもんに はっきりと ｛ア 答える　イ 答る｝。

(11) 学校から ｛ア 帰る　イ 帰える｝。

(12) ｛ア 太とい　イ 太い｝ 竹を 切《き》った。

(13) 自動車《じどうしゃ》が ぴたりと ｛ア 止まる　イ 止る｝。

(14) ｛ア 黒ろい　イ 黒い｝ 雲《くも》が 見える。

2 つぎの ことばを 漢字《かんじ》と おくりがなで 書《か》きましょう。ただし、漢字は 下の □から えらびます。

(1) あかるい 〔　　〕
(2) うれる 〔　　〕
(3) あるく 〔　　〕
(4) さげる 〔　　〕
(5) よわい 〔　　〕
(6) まわる 〔　　〕
(7) おこなう 〔　　〕
(8) のぼる 〔　　〕

売	回	生	弱	歩
買	下	明	行	上

3 つぎの 文の ――線《せん》の ことばを、漢字と おくりがなで 〔　〕に 書きましょう。

(1) すきな ケーキを たべる。〔　　〕
(2) 花の そだて方《かた》を まなぶ。〔　　〕
(3) かわいい 赤ちゃんが うまれる。〔　　〕
(4) 早く お正月が こないかなあ。〔　　〕
(5) にもつを おろす。〔　　〕
(6) この 道《みち》は 人通《ひとどお》りが おおい。〔　　〕
(7) ポケットに 手を いれる。〔　　〕
(8) プラモデルを つくる ことが すきだ。〔　　〕
(9) したしい 友だちと 外《そと》で あそぶ。〔　　〕

ステップ2

月　日

時間 30分　合かく 80点　とく点　点

答え➡べっさつ6ページ

シール

1 つぎの 漢字《かんじ》に おくりがなを つけましょう。（34点／一つ2点）

れい たのしい―楽（しい）

(1) あわせる―合（　　）
(2) たかい―高（　　）
(3) ひろがる―広（　　）
(4) うたう―歌（　　）
(5) きれる―切（　　）
(6) ならす―鳴（　　）
(7) はずれる―外（　　）
(8) あたらしい―新（　　）
(9) とおい―遠（　　）
(10) まるめる―丸（　　）
(11) しらせる―知（　　）
(12) はやい―早（　　）
(13) ひかる―光（　　）
(14) ただしい―正（　　）
(15) おそわる―教（　　）
(16) すくない―少（　　）
(17) ちかづく―近（　　）

2 ―線《せん》の ことばの おくりがなの 正しい ほうの 記号《きごう》に、○を つけましょう。（20点／一つ4点）

(1)
ア 時間《じかん》を 計る。
イ 時間を 計かる。

(2)
ア ずいぶん 古るい 家《いえ》だ。
イ ずいぶん 古い 家だ。

(3)
ア 家を 空ける。
イ 家を 空る。

(4)
ア 遠くまで 見える。
イ 遠おくまで 見える。

(5)
ア 字を 記るす。
イ 字を 記す。

たいせつ

3 つぎの　ことばの　おくりがなが　正しく　なるように、〔　〕に　書《か》き直《なお》しましょう。（22点／一つ2点）

(1) 近かい　→〔　〕
(2) 用ちいる　→〔　〕
(3) 半かば　→〔　〕
(4) 数ぞえる　→〔　〕
(5) 長がい　→〔　〕
(6) 下だる　→〔　〕
(7) 通おる　→〔　〕
(8) 強よい　→〔　〕
(9) 当る　→〔　〕
(10) 青おい　→〔　〕
(11) 明きらか　→〔　〕

4 つぎの　文の　——線の　ことばを、漢字と　おくりがなで　〔　〕に　書きましょう。（24点／一つ3点）

(1) 学校に　かよう。〔　〕
(2) 電話《でんわ》が　つうじる。〔　〕
(3) こまかい〔　〕　作業《さぎょう》を　する。
(4) ほそい〔　〕　ひもを　にぎる。
(5) 二本の　道《みち》が　まじわる。〔　〕
(6) 米《こめ》に　麦《むぎ》を　まぜる。〔　〕
(7) 頭《あたま》を　さげる。〔　〕
(8) いすに　こしを　おろす。〔　〕

ステップ 3 （3〜5）

1 かなづかいの 正しい ほうの 記号《きごう》に ○を つけましょう。（28点／一つ2点）

(1) ア じめん　イ ぢめん
(2) ア あとづさり　イ あとずさり
(3) ア みづ　イ みず
(4) ア ちじむ　イ ちぢむ
(5) ア つずける　イ つづける
(6) ア こづつみ　イ こずつみ
(7) ア いちじく　イ いちぢく
(8) ア うずめる　イ うづめる
(9) ア つづみ　イ つずみ
(10) ア そこじから　イ そこぢから
(11) ア うづまき　イ うずまき
(12) ア はなじ　イ はなぢ
(13) ア かたづけ　イ かたずけ
(14) ア ことばづかい　イ ことばずかい

2 おくりがなの 正しい ほうの 記号に ○を つけましょう。（20点／一つ2点）

(1) うしろ　［ア 後ろ　イ 後しろ］
(2) あらた　［ア 新らた　イ 新た］
(3) おもう　［ア 思もう　イ 思う］
(4) こたえる　［ア 答たえる　イ 答える］
(5) かんがえる　［ア 考がえる　イ 考える］
(6) はれる　［ア 晴れる　イ 晴る］
(7) おしえる　［ア 教る　イ 教える］
(8) きこえる　［ア 聞こえる　イ 聞える］
(9) たりる　［ア 足りる　イ 足る］
(10) みせる　［ア 見る　イ 見せる］

月　日

時間 30分　合かく 80点

とく点　　点

答え ➡ べっさつ6ページ

シール

3 かなづかいの 正しい ほうに ○を つけましょう。（26点／一つ2点）

(1) に{は・わ}に、に{は・わ}とりが に{は・わ}いる。

(2) 友《とも》だちを {え・へ}き{え・へ} むか{え・へ}に 行《い》く。

(3) {お・を}兄《にい》さんは、{お・を}にぎり{お・を} 五つと すいとう{お・を} もって 出かけた。

(4) わたし{は・わ} お父《とう》さん{お・を} さがして、本屋《ほんや》さん{え・へ} 行った。

---

4 つぎの ――線《せん》の 部分《ぶぶん》が 正しければ 〔 〕に ○を 書《か》き、まちがって いれば、正しく 書き直《なお》しましょう。（26点／一つ2点）

(1) あめりか〔　〕へ〔　〕 行って〔　〕 いた 兄《あに》から、ちかじか〔　〕 帰えると〔　〕 いう たよりが とどいた。

(2) とても 小いさい〔　〕 ライオソが〔　〕 とても 大きな〔　〕 声《こえ》で 「がおお」〔　〕と ほえた。あんまり びっくりした〔　〕ので わたしわ〔　〕 手に もった コップを〔　〕 がちゃんと〔　〕 おとして しまった。

6 ことばの いみと はたらき

学習のねらい

言葉の意味を理解しましょう。反対語（おたがいの言葉が、反対の意味を表す語）や類義語（意味がよく似ている語）、語句の性質についても学びます。

月　日

答え⬇べっさつ6ページ

ステップ1

1 絵《え》を 見て、〔　〕に ようすを あらわす ことばを 書《か》きましょう。

(1)

ごはんを〔　　　〕食《た》べる。

(2)

〔　　　〕そうじを する。

(3)

本を〔　　　〕読《よ》む。

(4)

雨が〔　　　〕ふる。

2 いみの 正しい ものの 記号《きごう》に ○を つけましょう。

(1) まっさきに
- ア まじめに
- イ まつの 木の 先に
- ウ いちばん はじめに

(2) たくわえる
- ア えさを くわえる
- イ ためて おく
- ウ たくさん ある

(3) 足もと
- ア 足の つけね
- イ 足あと
- ウ 足が 地面《じめん》に ついて いる あたり

(4) 草むら
- ア 草むしり
- イ 草の しげって いる ところ
- ウ 草が 少《すこ》し ある ところ

(5) 手に 入れる
- ア 手を にぎる
- イ じょうずに なる
- ウ 自分《じぶん》の ものに する

3 ――線《せん》の ことばと 同《おな》じ いみで つかわれて いる ものの 記号に、○を つけましょう。

(1) しょうじに 木の かげが うつって いる。

ア 友《とも》だちが 東京《とうきょう》の 方《ほう》へ うつって いった。

イ おそろしい 病気《びょうき》が 人から 人へ うつって いる。

ウ うつくしい すがたが かがみに うつって いる。

(2) お母《かあ》さんが エプロンで 手を ふいた。

ア ぼくは、犬を よぶ ために 口ぶえを ふいた。

イ およいだ あと、バスタオルで 体《からだ》を ふいた。

ウ 夜《よる》、まどガラスを たたくような 強《つよ》い 風《かぜ》が ふいた。

4 反対《はんたい》の いみの ことばを 〔 〕に 書きましょう。

(1) 紙《かみ》の うらに 書く。
紙の 〔　　〕に 書く。

(2) 川を 上る。
川を 〔　　〕。

(3) 太《ふと》い ひもで しばる。
〔　　〕ひもで しばる。

(4) 広《ひろ》い 場所《ばしょ》で あそぶ。
〔　　〕場所で あそぶ。

(5) とびらを 引《ひ》く。
とびらを 〔　　〕。

(6) かいだんを 上がる。
かいだんを 〔　　〕。

(7) あつい 国《くに》で くらす。
〔　　〕国で くらす。

ステップ2

月　日

答え➡べっさつ7ページ

時間 30分　合かく 80点　とく点　点

シール

たいせつ

1 なかまはずれの ことばを 一つ さがして、大きく ◯で かこみましょう。（24点／一つ3点）

(1) 〔つよい・よわい・たかい・ひくい・とおい・ちかい・いわい〕

(2) 〔あるく・はしる・のぼる・けわしい・なげる・おとす〕

(3) 〔いけ・かわ・やま・いし・ほん・よむ・はやし〕

(4) 〔でも・しかし・また・もり・ところが・そして〕

(5) 〔あの・あれ・かう・その・これ・この〕

(6) 〔かかと・まゆ・てのひら・つまさき・うで・め・みみ・くつ・はら・ひじ〕

(7) 〔ける・はしる・まる・あるく・ふむ〕

(8) 〔ガチャン・ワンワン・ニャーニャー・コケコッコー・ピヨピヨ〕

2 反対《はんたい》の いみの ことばを 〔　〕に 書《か》きましょう。（16点／一つ4点）

(1) 新《あたら》しい → 〔　　〕

(2) 安《あん》心《しん》 → 〔　　〕

(3) ひろう → 〔　　〕

(4) 立つ → 〔　　〕

3 にた いみの ことばの 記号《きごう》に ○を つけましょう。（12点／一つ4点）

(1) とつぜん
ア とんでもなく
イ しぜんに
ウ きゅうに

(2) さからう
ア さかだちする
イ 反対する
ウ さかさまに なる

(3) ひとりでに
ア しぜんに
イ ひまな ときに
ウ ひとりごとで

たいせつ

4 「ふむ」と「ふまれる」とでは、動作《どうさ》をする人(もの)が入れかわります。れい にならって、〔　〕にことばを書きましょう。(12点／一つ4点)

れい ぼくが麦《むぎ》をふむ。
麦がぼくに〔ふまれる〕。

(1) ぼくが木を切《き》る。
木がぼくに〔　〕。

(2) ぼくが石をみがく。
石がぼくに〔　〕。

(3) ぼくが草をかる。
草がぼくに〔　〕。

5 絵《え》を見て、いいたいことがはっきりわかるように〔　〕にことばを書きましょう。(12点／一つ4点)

(1) わたしは〔　〕おさらを買《か》います。

(2) ぼくは〔　〕で〔　〕をひろいました。

6 つぎのことばをつかって、みじかい文を作《つく》りましょう。(24点／一つ8点)

(1) たちまち
〔　〕

(2) こわごわ
〔　〕

(3) 〜たり、…たり(〜だり、…だり)
〔　〕

7 つなぎことば

学習のねらい

「そして」「しかし」などの接続詞や、「ので」「が」などの接続助詞を、正しく使えるようにします。ポイントは、前後の関係をふまえてつなぎことばを決めることです。

月　日

答え⬇べっさつ7ページ

ステップ1

1 「そして」「しかし」「たとえば」などは、文と 文とを つなぐので、つなぎことばと いいます。二つの 文が うまく つながる ほうの 記号《きごう》に ○を つけましょう。

(1) 遊園地《ゆうえんち》に 行《い》きたいですか。{ア それで / イ それとも} どうぶつ園に 行きたいですか。

(2) 一生けんめい 走《はし》りました。{ア だから / イ けれども} 一等《いっとう》には なれませんでした。

(3) 一年じゅう、あつい 国《くに》が あります。{ア たとえば / イ または} インドネシアや ケニアなどの 国です。

2 〔　〕に どの ことばを 入れると、二つの 文が うまく つながりますか。あとの □から えらんで 書《か》きましょう。

(1) 毎日《まいにち》 れんしゅうしました。〔　　〕、さか上がりが できるように なりました。

(2) わたしは 大きな 人形《にんぎょう》を 買《か》って もらいました。〔　　〕、かわいい くつも 買って もらいました。

(3) 朝《あさ》から、きのう 公園《こうえん》に おきわすれた ぼうしを 一生けんめい さがしました。〔　　〕、どこを さがしても 見つかりませんでした。

(4) 天気よほうを　おつたえしました。
〔　　〕、つぎの　ニュースです。

そのうえ　では ところが　すると

3

〔　〕に　どの　ことばを　入れると、うまく　つながりますか。あとの □ から　えらんで　書きましょう。

(1) あつい〔　　〕上着《うわぎ》を　ぬごう。

(2) お姉《ねえ》さんは、歌《うた》を　歌い〔　　〕せんたくを　して　います。

(3) 弟《おとうと》は、いくら　しかられ〔　　〕いたずらを　やめようと　しません。

のに　ながら　ても　ので

4

つぎの　文章《ぶんしょう》は　ケンくんの　じこしょうかいです。前後《ぜんご》が　うまく　つながる　ほうの　記号に　○を　つけましょう。

ぼくは、アメリカから　来《き》ました。えい語《ご》を　話《はな》します｛**ア** が　**イ** から｝、日本語も　少《すこ》し　話します。うんどうが　とくいです。｛**ア** または　**イ** だから｝、体育《たいいく》の　時間《じかん》が　すきです。｛**ア** ところで　**イ** それに｝、野球《やきゅう》の　れんしゅうが　ある　土曜日《どようび》も　すきです。算数《さんすう》が　苦手《にがて》な｛**ア** ので　**イ** のに｝、算数の　時間は　少し　いやです。

STEP 2

ステップ2

月　日

時間 30分　合かく 80点　とく点　点

答え➡べっさつ7ページ

シール

1 〔　〕に どの ことばを 入れると、うまく つながりますか。あとから えらんで、記号《きごう》で 書《か》きましょう。(20点／一つ4点)

(1) 雨が ふっ〔　〕遠足《えんそく》に 行《い》きます。

ア たり　**イ** ては　**ウ** ても

(2) はが ふまれたり、つみとられ〔　〕しても、ねは 生きて います。

ア て　**イ** ので　**ウ** たり

(3) うんどう場《じょう》を 見回《みまわ》した〔　〕、だれも いませんでした。

ア けれど　**イ** から　**ウ** し

(4) お姉《ねえ》さんが いそがしい〔　〕、かわりに おつかいに 行きました。

ア から　**イ** が　**ウ** と

(5) ふりむく〔　〕、友《とも》だちが 立って いました。

ア から　**イ** と　**ウ** けれど

たいせつ

2 〔　〕に どの ことばを 入れると、二つの 文が うまく つながりますか。あとから えらんで、記号で 書きましょう。(20点／一つ4点)

(1) 門《もん》の よこに ついて いる、ブザーを おしました。〔　〕、としおくんが 戸《と》を あけて 出て きました。

ア そして　**イ** すると　**ウ** しかし

(2) すぐ おわると 思《おも》います。〔　〕、ちょっと まって いて ください。

ア また　**イ** それとも　**ウ** ですから

(3) プールへ およぎに 行きましょうか。〔　〕、虫とりに 行きましょうか。

ア しかし　**イ** それとも　**ウ** では

(4) わたしの 家《いえ》は 学校から 遠《とお》いです。〔　〕、ちこくした ことは ありません。

ア でも　**イ** それに　**ウ** また

(5) かず子さんは 勉強《べんきょう》が よく できます。上手《じょうず》に［　　］、どんな うんどうでも できるので、クラスの 人気者《にんきもの》です。

ア そこで　イ それとも　ウ それに

↓［　　］

たいせつ

3

れいに ならって、つぎの 文を 二つに 分《わ》けましょう。（30点／一つ10点）

れい さむく なったので、コートを きました。↓［さむく なって きました。それで、コートを きました。］

(1) 小さな 女の子が いちごを つんで いると、後《うし》ろから だれかが やって きました。↓［　　］

(2) 夏休《なつやす》みには、海《うみ》へ 行けるし、山にも のぼれます。↓［　　］

(3) しぶがきの みは、そのままでは 食《た》べられませんので、ほしがきに します。↓［　　］

たいせつ

4

れいに ならって、つぎの 二つの 文を 一つの 文に しましょう。（30点／一つ10点）

れい 雨が やみました。そして、にじが 出ました。↓［雨が やんで、にじが 出ました。］

(1) 雪《ゆき》が つもりました。それで、雪だるまを 作《つく》りました。↓［　　］

(2) プールに 行きました。すると、すすむくんは もう およいで いました。↓［　　］

(3) おなかが いっぱいです。けれど、デザートは 食べられます。↓［　　］

8 こそあどことば

学習のねらい

人や物事などを指し示す言葉について学びます。それぞれの言葉の役割を理解するとともに、文中で指示する内容を正しくとらえるようにします。

月　日

答え⬇べっさつ8ページ

ステップ1

1 つぎの〔　〕に 当《あ》てはまる ことばを あとから えらんで、記号《きごう》で 書《か》きましょう。(同《おな》じ 記号は 二度《にど》 つかえません)

(1) ぼくは、〔　　〕組《くみ》で、いちばん 身長《しんちょう》が 高《たか》いですが、前《まえ》は ひくかったです。〔　　〕ことは、としおくんが よく 知《し》って います。

ア その　**イ** この　**ウ** あの

(2) 「これは、何《なに》の 花ですか。」
「〔　〕は、すいせんですよ。」
「わあ、すてき。〔　　〕花を つんでも いいですか。」
「〔　〕に さいて いる 花は、つまないように しましょう。」

ア そこ　**イ** この　**ウ** それ

2 つぎの〔　〕に 当てはまる 「こ・そ・あ・ど」で はじまる ことばを 書きましょう。(同じ ものは 二度 つかえません)

(1) 〔　　〕本を かして あげましょう。

(2) 〔　　〕本を かして ください。

(3) 〔　　〕本は、だれの 本でしょうね。

郵便はがき

お手数ですが
切手をおはり
ください。

550-0013

大阪市西区新町3-3-6

受験研究社

愛読者係 行

● ご住所 □□□-□□□□

TEL（　　　　　　　　）

● お名前　　※任意（男・女）

● 在学校 □保育園・幼稚園 □中学校 □専門学校・大学 □小学校 □高等学校 □その他（　　　）　学年（歳）

● お買い上げ書店名（所在地）　書店（　　市区・町村・

★すてきな賞品をプレゼント！
お送りいただきました愛読者カードは、毎年12月末にしめきり，抽選のうえ100名様にすてきな賞品をお贈りいたします。

★LINEでダブルチャンス！
公式LINEを友達追加頂きアンケートにご回答頂くと，上記プレゼントに加え，夏と冬の特別抽選会で記念品をプレゼントいたします！

※当選者の発表は賞品の発送をもってかえさせていただきます。 https://lin.ee/cWvAht

株式会社 増進堂・受験研究社

愛読者カード

本書をお買い上げいただきましてありがとうございます。あなたのご意見・ご希望を参考に，今後もより良い本を出版していきたいと思います。ご協力をお願いします。

1. この本の書名（本のなまえ）　　お買い上げ

年　月

2. どうしてこの本をお買いになりましたか。

☐書店で見て　☐先生のすすめ　☐友人・先輩のすすめ　☐家族のすすめで
☐塾のすすめ　☐WEB・SNSを見て　☐その他(　　　)

3. 当社の本ははじめてですか。

☐はじめて　☐2冊目　☐3冊目以上

4. この本の良い点，改めてほしい点など，ご意見・ご希望をお書きください。

5. 今後どのような参考書・問題集の発行をご希望されますか。あなたのアイデアをお書きください。

6. 塾や予備校，通信教育を利用されていますか。

塾・予備校名［　　　］
通信教育名［　　　］

企画の参考，新刊等のご案内に利用させていただきます。　2023.11

(4)〔　　〕本を　かりようかな。

3

つぎの □ の 中の 「こ・そ・あ・ど」 ことばは、どんな 場合《ばあい》に つかわれますか。当てはまる 〔　〕に 書きましょう。

あそこ	どちら	どの	そこ
それ	ここ	あれ	こちら
どれ	あちら	この	その

(1) 話《はな》し手に 近《ちか》い とき → これ・〔　　〕・〔　　〕・〔　　〕

(2) 聞《き》き手に 近い とき → そちら・〔　　〕・〔　　〕・〔　　〕

(3) 話し手からも 聞き手からも 遠《とお》い とき → あの・〔　　〕・〔　　〕・〔　　〕

(4) さす ものが はっきりしない ときや たずねる とき → どこ・〔　　〕・〔　　〕・〔　　〕

4

つぎのような つかわれ方《かた》を する 「こ・そ・あ・ど」 ことばには、どんな ものが あるでしょうか。考《かんが》えて 〔　〕に 書きましょう。

(1) ものの かわり → これ・〔　　〕・〔　　〕・〔　　〕

(2) 場所《ばしょ》の かわり → どこ・〔　　〕・〔　　〕・〔　　〕

(3) 方角《ほうがく》の かわり → あちら・〔　　〕・〔　　〕・〔　　〕 → そっち・〔　　〕・〔　　〕・〔　　〕

STEP 2

ステップ2

月　日

時間 30分　合かく 80点

とく点　点

答え↓べっさつ8ページ

シール

1 つぎの ――線《せん》の 「こ・そ・あ・ど」 ことばが 何《なに》を さして いるか、〔　〕に 書《か》きましょう。（28点／一つ7点）

(1) にわに うめの 木が あります。そこに うぐいすが とまって 鳴《な》いて います。

〔　　　　〕

(2) 作《つく》り方《かた》を 書いた メモを わたします。これを 見て ケーキを 作りなさい。

〔　　　　〕

(3) 駅前《えきまえ》に 男の 人が 立って いるでしょう。あの 人が 山田さんです。

〔　　　　〕

(4) ねこは 魚《さかな》が すきだと 言《い》われて いますが、それは 本当《ほんとう》でしょうか。

〔　　　　〕

2 つぎの 文章《ぶんしょう》の ――線の ことばが 何を さして いるか、それぞれ えらんで 記号《きごう》に ○を つけましょう。（40点／一つ8点）

一つぶの まつの たねが 岩《いわ》の われ目に おちた。そして、①そこで めを 出した。②その ときは ゆびで つぶせるほどの よわい ものだった。しかし 今《いま》では かたい 岩を 二つに わって、③それを じりじりと 両方《りょうほう》に おしのけて いる。④この まつを 見たら いのちが どれほど 力強《ちからづよ》いか わかるだろう。わたしたちも、⑤その ことを わすれないように したい ものだ。

① そこ
- ア 石の あいだ
- イ 岩の われ目
- ウ 一つぶの まつの たね

②その
ア まつが めを 出した
イ ゆびで つぶす
ウ 岩の われ目

③それ
ア かたい 岩
イ 一つぶの まつの たね
ウ いのち

④この
ア 岩の われ目に おちた
イ ゆびで つぶせるほど よわい
ウ 岩を わって おしのけて いる

⑤その
ア たねが おちたと いう
イ いのちが 力強いと いう
ウ 岩を 二つに わったと いう

3 つぎの 文章を 読《よ》んで、――線の「こ・そ・あ・ど」ことばが 何を さして いるか、〔 〕に 書きましょう。（32点／一つ8点）

春《はる》の ある 日の ことでした。

チューリップが さいて いる かだんが ありました。①そこへ ちょうちょが 二ひき とんで きました。②その ちょうちょたちは、花の みつを すいに やって来《き》たのでした。

「③この 花の みつは おいしいね。」

④そう 言《い》い合《あ》って いるように、ちょうちょは 花の 上に いつまでも とまって いました。

①〔 〕

②〔 〕

③〔 〕

④〔 〕

9 ことばづかい

学習のねらい

敬体の文章に慣れるとともに、丁寧な言葉と普通の言葉の使い方の違いを理解します。話す相手や場面に応じた言葉づかいができるようにしましょう。

月　日

答え➡べっさつ9ページ

ステップ1

1 れいに　ならって、つぎの　文を　ていねいな　言《い》い方《かた》に　直《なお》しましょう。

れい　冬《ふゆ》に　なった。
〔　冬に　なりました。　〕

(1) 星《ほし》は、一つも　見えない。
〔　　　　〕

(2) あれは、おもちゃ工場《こうじょう》だ。
〔　　　　〕

(3) 体温計《たいおんけい》で　計《はか》る。
〔　　　　〕

(4) まっすぐに　線《せん》を　引《ひ》け。
〔　　　　〕

2 つぎの　文の　中から、人に　たずねる　言い方を　さがして　○を　つけましょう。また、人に　めいれいする　言い方を　さがして　△を　つけましょう。

(1) 夜《よる》が　明《あ》けました。〔　　〕

(2) さあ、早く　おきなさい。〔　　〕

(3) ねむくて　おきられないよ。〔　　〕

(4) 早く　顔《かお》を　あらいなさい。〔　　〕

(5) ハンカチは　入れましたか。〔　　〕

(6) きみ、本を　もって　きたの。〔　　〕

(7) しまった。わすれて　きた。〔　　〕

(8) 右がわを　歩《ある》いて　行《い》きなさい。〔　　〕

(9) 学校は　何時《なんじ》に　はじまりますか。〔　　〕

(10) 八時半《はん》に　はじまります。〔　　〕

3 つぎの ――線を、ていねいな 言い方から ふつうの 言い方に 直しましょう。

(1) おじさんが くださった 本です。 〔　　　〕

(2) 先生が、「もう 帰《かえ》りなさい。」と おっしゃった。 〔　　　〕

(3) おきゃくさまが おじぎを なさった。 〔　　　〕

(4) 「おばさん、どこへ いらっしゃるのですか。」 〔　　　〕

(5) おじさんに いただいた 本です。 〔　　　〕

4 つぎの ことばの 中で、ていねいな 言い方の ものに、○を つけましょう。

〔　〕おべんとう　〔　〕おんどり

〔　〕おとうと　〔　〕おきゃくさま

〔　〕おせんたく　〔　〕おどり

〔　〕おちゃ　〔　〕おうじょ

5 つぎの ――線の ことばづかいの よい ほうを えらんで、記号《きごう》に ○を つけましょう。

(1)
ア 先生が 本を 読《よ》んで います。
イ 先生が 本を 読んで いらっしゃいます。

(2)
ア 手紙《てがみ》を いただきました。
イ お手紙を いただきました。

(3)
ア 父《ちち》の かいた 絵《え》です。
イ 父の おかきに なった 絵です。

(4)
ア おばさんから 本を もらいました。
イ おばさんから 本を いただきました。

(5)
ア 「先生、今日《きょう》は 月曜日《げつようび》です。」
イ 「先生、今日は 月曜日だ。」

ステップ2

月　日

答え⬇べっさつ9ページ

時間 30分
合かく 80点
とく点　　点

シール

たいせつ

1 つぎの ――線《せん》の ことばづかいの よい ほうを えらんで、記号《きごう》に ○を つけましょう。(20点／一つ4点)

(1)
ア 先生が くださった。
イ 先生が くれた。

(2)
ア どうぞ おすわりください。
イ どうぞ すわりなさい。

(3)
ア 「おじさん、いつ 行《い》くのですか。」
イ 「おじさん、いつ いらっしゃるのですか。」

(4)
ア おばあさんが 来《こ》られる ことを、妹《いもうと》が 教《おし》えて くれました。
イ おばあさんが 来られる ことを、妹が 教えて くださいました。

(5)
ア 母《はは》が おっしゃって いました。
イ 母が 言《い》って いました。

2 つぎの とき、どんな あいさつを しますか。れいに ならって 〔　〕に 書《か》きましょう。(24点／一つ4点)

れい ごはんを 食《た》べる とき。
〔いただきます。〕

(1) ごはんを 食べおわった とき。
〔　　　　〕

(2) 学校に 行く とき。(家《いえ》の 人に)
〔　　　　〕

(3) よその 家に 行った とき。
〔　　　　〕

(4) 夜《よる》、ねる とき。(家の 人に)
〔　　　　〕

(5) おきゃくさんが 来られた とき。
〔　　　　〕

(6) 朝《あさ》、知《し》り合《あ》いの 人に 会《あ》った とき。

〔　　　　　　　　〕

3 つぎの ――線の 部分《ぶぶん》を ていねいな 言い方《かた》に 直《なお》しましょう。（24点／一つ4点）

(1) 先生は 教室《きょうしつ》に います。

〔　　　　　　　　〕

(2) おじさんに 茶《ちゃ》を お出ししました。

〔　　　　　　　　〕

(3) おばあさんが ごほうびを くれました。

〔　　　　　　　　〕

(4) おじいさんに お年玉を もらいました。

〔　　　　　　　　〕

(5) 校長《こうちょう》先生が あいさつを しました。

〔　　　　　　　　〕

(6) 先生は 教室に 行きました。

〔　　　　　　　　〕

4 つぎの ――線の 部分を、(1)は ふつうの 言い方に、(2)は ていねいな 言い方に 直しましょう。（32点／一つ4点）

(1) きのうの 昼《ひる》すぎ、となりの おじさんが 来《き》ました。〔　　　　〕 そして、ぼくに 「お父《とう》さんを よんで くれ。」〔　　　　〕と 言いました。〔　　　　〕

(2) かおる、元気《げんき》ですか。〔　　　　〕 お正月に 会って から、ずいぶん 会って いませんね。〔　　　　〕 もう すぐ 夏休《なつやす》みです。〔　　　　〕 一度《いちど》 あそびに きませんか。〔　　　　〕 都合《つごう》の よい 日を 知らせて ください。〔　　　　〕

月　日

時間 30分　合かく 80点

とく点　　点

答え⬇べっさつ10ページ

シール

1 〔　〕に どの ことばを 入れると、うまく つながりますか。あとから えらんで、記号《きごう》で 書《か》きましょう。(18点／一つ2点)

(1) ぼうしとりを しました。〔　〕一年生どうしで しました。〔　〕二年生どうしで しました。〔　〕一年生と 二年生が いっしょに とり合《あ》いを しました。

ア つぎに　**イ** はじめに　**ウ** おしまいに　**エ** つまり

(2) 風《かぜ》が 強《つよ》く なって きました。〔　〕、雨まで ぱらぱらと ふりだしました。〔　〕、外出《がいしゅつ》は とりやめに しました。

ア しかし　**イ** または　**ウ** しかも　**エ** それで

(3) 太郎《たろう》の 家《いえ》は まずしい〔　〕、新《あたら》しい くつを 買《か》って ほしいとは 言《い》えません。〔　〕、しかたなく あなの あいた くつを はきつづけました。夏《なつ》なら まだ よかったのです〔　〕、冬《ふゆ》の 風は つめたく〔　〕、くつから とび出した 左の 親指《おやゆび》が ちぎれそうに いたみます。

ア だから　**イ** て　**ウ** が　**エ** ので

2 つぎの ことばと 反対《はんたい》の いみの ことばを、〔　〕に 書きましょう。(24点／一つ3点)

(1) 上〔　〕　(2) 左〔　〕

(3) 大〔　〕　(4) 東《ひがし》〔　〕

(5) 強い〔　〕　(6) 少《すく》ない〔　〕

(7) ひくい〔　〕　(8) 後《うし》ろ〔　〕

たいせつ
3 つぎの ——線《せん》の ことばが 何《なに》を さして いるか、くわしく 〔　〕に 書きましょう。（12点／一つ6点）

(1) おじさんの 手の 中に オルゴールが 一つ ありました。それは、たいへん うつくしい 音色《ねいろ》を かなでました。

〔　　　　　　　　　　〕

(2) おかの 上に 大きな 木が 立って いるのが 見えますね。あの 下で お昼《ひる》に しましょう。

〔　　　　　　　　　　〕

たいせつ
4 つぎの 言い方《かた》を ていねいな 言い方に 直《なお》しましょう。（30点／一つ6点）

(1) 「この アイスクリームを 食《た》べて。」

〔　　　　　　　　　　〕

(2) 「先に 行《い》って くれ。」

〔　　　　　　　　　　〕

(3) 「先生は それを 知《し》って いるの。」

〔　　　　　　　　　　〕

(4) 「本を 見せて くれ。」

〔　　　　　　　　　　〕

(5) 「お母《かあ》さんは、いるか。」

〔　　　　　　　　　　〕

5 つぎの とき、どんな あいさつを しますか。〔　〕に 書きましょう。（16点／一つ4点）

(1) 学校から 帰《かえ》る とき。（先生に）

〔　　　　　　　　　　〕

(2) 昼間《ひるま》、知り合いの 人に 会《あ》った とき。

〔　　　　　　　　　　〕

(3) おとしものを ひろって もらった とき。（友《とも》だちに）

〔　　　　　　　　　　〕

(4) はじめて 会う 人に しょうかい された とき。

〔　　　　　　　　　　〕

月　日

時間 30分
合かく 80点
とく点　点

答え⬇べっさつ10ページ

シール

1

―線《せん》の ことばの いみと して 正しい ものの 記号《きごう》に、○を つけましょう。（20点／一つ5点）

(1) いなかで 十日ばかり すごす。

ア 十日だけ　イ 十日ほど
ウ 十日まで　エ 十日から

(2) 弟《おとうと》が なかなか 帰《かえ》って こないので 気に かかる。

ア 心配《しんぱい》だ　イ しんようできない
ウ まんぞくだ　エ はらが 立つ

(3) かきの 木に みが すずなりに なる。

ア 少《すこ》しだけ　イ 色《いろ》づいて
ウ たくさん　エ 音を 立てて

(4) 花子は とても おくびょうな 子どもでした。

ア ゆう気の ある　イ 頭《あたま》の いい
ウ こわがりな　エ 知《し》りたがりの

2

反対《はんたい》の いみの ことばを 〔 〕に 書《か》きましょう。（30点／一つ6点）

(1) 長《なが》い 物語《ものがたり》を 読《よ》む。
〔　　〕物語を 読む。

(2) 上着《うわぎ》を ぬぐ。
上着を 〔　　〕。

(3) くつを ぬぐ。
くつを 〔　　〕。

(4) ぼうしを ぬぐ。
ぼうしを 〔　　〕。

(5) せんたくして セーターが ちぢむ。
せんたくして セーターが 〔　　〕。

たいせつ

3 「ふむ」と「ふまれる」とでは、動作《どうさ》を する 人（もの）が 入れかわります。れい に ならって、〔　〕に ことばを 書きましょう。（35点／一つ7点）

れい
ぼくが 麦《むぎ》を ふむ。
麦が ぼくに 〔ふまれる〕。

(1)
ぼくが 弟を たたく。
弟が ぼくに 〔　　〕。

(2)
ぼくが 本を ひらく。
本が ぼくに 〔　　〕。

(3)
ぼくが にもつを かつぐ。
にもつが ぼくに 〔　　〕。

(4)
ぼくが 虫を つかまえる。
虫が ぼくに 〔　　〕。

(5)
ぼくが 友《とも》だちを よぶ。
友だちが ぼくに 〔　　〕。

---

4 つぎの ――線の ことばと 同《おな》じ いみで つかわれて いる ものの 記号に、○を つけましょう。（15点／一つ5点）

(1) 田中さんと わたしは 気が あう。
ア 計算《けいさん》が ぴたりと あう。
イ 公園《こうえん》で 友だちと あう。
ウ とても ひどい目に あう。

(2) 時間《じかん》どおりに もくてき地《ち》に ついた。
ア ようふくに よごれが ついた。
イ お寺《てら》の かねを ついた。
ウ おばあさんからの 手紙《てがみ》が ついた。

(3) 朝《あさ》の 空気は すんで いる。
ア しゅくだいは もう すんで いる。
イ この 川の 水は すんで いる。
ウ ずっと この 家《いえ》に すんで いる。

10 文の 組《く》み立て

ステップ1

1 つぎの 文で、「どう する」「どんなだ」「何《なに》だ」に 当《あ》たる ことばを、れいに ならって □で かこみましょう。

れい わたしが 学校に [行《い》きます]。

(1) 弟《おとうと》が 遠《とお》くから ぼくを よびました。

(2) この ばらの 花は きれいです。

(3) ぼくは サッカーの せん手です。

(4) すずめは チュンチュンと 鳴《な》きます。

(5) わたしの いちばん すきな 食《た》べものは おむすびです。

学習のねらい

主語と述語の関係を理解し、「何がどうする・何がどんなだ・何が何だ」の基本文型に慣れるようにしましょう。修飾と被修飾の関係にも注意します。

月　日

答え➡べっさつ10ページ

2 つぎの 文で、「何が(は)」「だれが(は)」に 当たる ことばを、れいに ならって □で かこみましょう。

れい [わたしが] 学校に 行きます。

(1) 雨が ふって います。

(2) かわいい ねこが います。

(3) 毎日《まいにち》、あつい 日が つづきます。

(4) もう 春《はる》なのに、まだ つばめが 来《き》ません。

(5) 妹《いもうと》が、あわてた ようすで むこうから 走《はし》って きました。

3 つぎの 文で、うまく 話《はなし》が つづく ほうの ことばを えらんで、記号《きごう》に ○を つけましょう。

(1) 妹が ｛ア うれしそうに／イ うれしく｝ 手を ふりました。

(2) ぼくは ｛ア いそいだ／イ いそいで｝ とび出しました。

(3) 牛《うし》は ｛ア 気もち よさそうに／イ 気もちが よく｝ しっぽを ふって います。

(4) 自動車《じどうしゃ》が ｛ア ものすごく／イ ものすごい｝ いきおいで 走って きます。

(5) この 絵《え》を ｛ア 見せながら／イ 見ながら｝ 話を 聞《き》いて ください。

4 〔　〕に 番号《ばんごう》を 入れて、一つの 文に しましょう。（「。」は はぶいて あります）

(1)
〔　〕にわに
〔　〕ももの 木が 一本と
〔1〕わたしの うちの
〔　〕あります
〔　〕かきの 木が 二本

(2)
〔　〕ふるえながら
〔1〕大男は
〔　〕遠くへ
〔　〕ぶるぶる
〔　〕にげて いきました

(3)
〔　〕ガチャンと
〔1〕ボールが 当たって
〔　〕ガラスが
〔　〕われて しまいました

ステップ2

1 「　」に 番号《ばんごう》を 入れて、一つの 文に しましょう。（「。」は はぶいて あります）（16点／一つ4点）

(1)
「　」きれいです
「1」すみれの
「　」とても
「　」花は

(2)
「　」五まいの
「　」黒板《こくばん》に
「　」はりました
「1」先生が
「　」カードを

(3)
「2」みんなが
「　」びんを つかって
「　」作《つく》りました
「　」としおさんの 組《くみ》では
「　」人形《にんぎょう》を

(4)
「1」教室《きょうしつ》で
「　」うかべました
「　」ほかけ船《ぶね》を
「　」プールに
「　」作った
「　」うんどう場《じょう》の すみの

たいせつ

2 つぎの 文で、――線《せん》の ことばが くわしく して いる ことばを、れいに ならって □で かこみましょう。（30点／一つ6点）

れい うちには かわいい 犬が います。

(1) ピーターは がっかりして、とぼとぼと 家《いえ》に 帰《かえ》りました。

(2) 学校の となりに ある 公園《こうえん》には、大きな すべり台《だい》が あります。

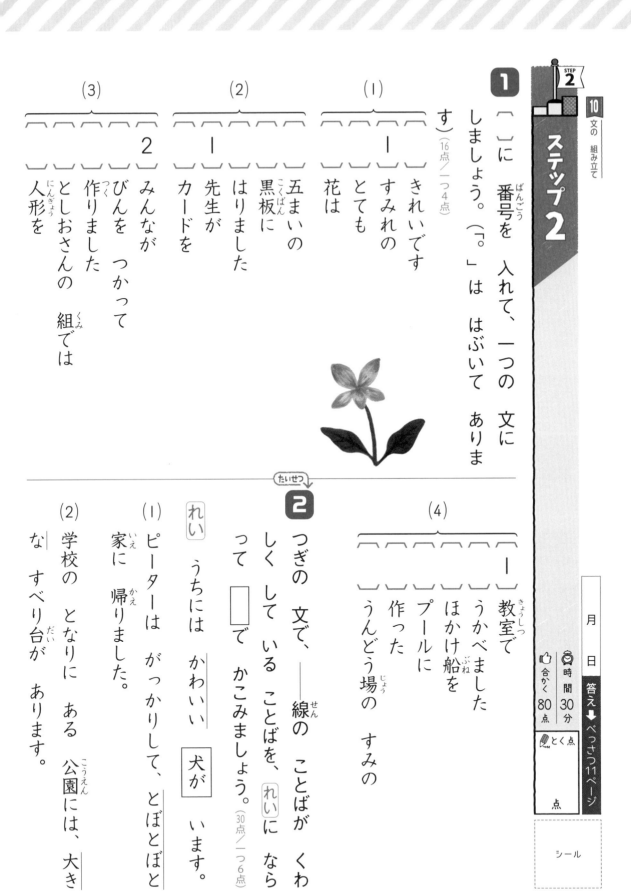

(3) 空から 雨の しずくが ぽつんと 一つ おちました。

(4) もし 都合《つごう》が わるければ、電話《でんわ》で 知《し》らせて ください。

(5) なみ木《き》の さくらの 花が うつくしく さきそろいました。

たいせつ

3

つぎの 文で、「何《なに》が(は)」「だれが(は)」に 当《あ》たる ことばを 〔　〕に 書《か》きましょう。ない ときは ×と 書きましょう。(30点／一つ5点)

(1) ねこは わたしを 見上げて、一声《ひとこえ》「ニャー」と 鳴《な》きました。〔　〕

(2) 日本一 高《たか》い 山だよ、富士山《ふじさん》は。〔　〕

(3) まっくらな 教室には もう だれも いません。〔　〕

(4) さあ、えんりょしないで どんどん 食《た》べなさい。〔　〕

(5) 歌《うた》を 歌いながら、となりの 一郎《いちろう》くんと 二人で 帰りました。〔　〕

(6) たん生日に ほしいのは、かっこいい 自《じ》転車《てんしゃ》です。〔　〕

4

つぎの 文は ア〜ウの どれに 当たりますか。〔　〕に 記号《きごう》で 書きましょう。(24点／一つ4点)

(1) かぶと虫が 家に とびこんだ。〔　〕

(2) この 本は むずかしい。〔　〕

(3) 弟《おとうと》は もう すぐ 一年生だ。〔　〕

(4) うちの 犬は おとなしい。〔　〕

(5) わたしは ねこが すきだ。〔　〕

(6) 夏《なつ》は あつい。〔　〕

ア 何が どう する。　**イ** 何が 何だ。

ウ 何が どんなだ。

11 ふごうの つかい方《かた》

学習のねらい

句点(。)が正確に打てるように、また、読点(、)もできるだけ正しく打てるようにしましょう。かぎ(「 」)の正しい使用法も覚えます。

月　日

答え⬇べっさつ11ページ

ステップ1

1 つぎの 文章《ぶんしょう》の 「。」が おちて いる ところに、「。」を つけましょう。

(1) わたしは やくそくを まもります わたしを、三日間《みっかかん》だけ ゆるして ください 妹《いもうと》が、わたしの 帰《かえ》りを まって いるのだ

(2) さおりは きのうから 学校を 休んで います けさ ねつは 下がったみたいだったけれど、お母《かあ》さんに 言《い》われて ねて いました でも ずっと ねて いるのも いやに なったので、そうっと おきました

(3) 月の いい ばんでした ごんは、ぶらぶら あそびに 出かけました 中山《なかやま》さまの おしろの 下を 通《とお》って すこし いくと、細《ほそ》い 道《みち》の むこうから、だれか 来《く》るようです 話声《はなしごえ》が 聞《き》こえます チンチロリン、チンチロリンと まつ虫が 鳴《な》いて います

(4) むかし、ある 山すそに、小さな 村が ありました 村の うしろは、大きな 森から 山に なって いまして、前《まえ》は、広《ひろ》い 平野《へいや》に うつくしい 小川が ながれて いました 村の 人たちは、平野を ひらいて こくもつや やさいを 作《つく》ったり、野原《のはら》に 牛《うし》や 馬《うま》を かったり して、たのしく へいわに くらして いました

2 つぎの 文に、それぞれ 「、」を 一つ つけましょう。

(1) 妹は 人形《にんぎょう》で あそび わたしは 絵《え》を かきました。

(2) 「まず なかよしの りえ子さんに 聞きましょう。」

(3) おじさんの 家《いえ》で ばんごはんを ごちそうに なりました。

(4) ぼくは 草を かり お父《とう》さんは 土を ほりかえしました。

(5) ひと休みしてから 山の ちょう上《じょう》に かけのぼりました。

(6) 「何《なん》と いう 虫だろう。」と 言《い》って みんなで いろいろ 話《はな》し合《あ》いました。

(7) あわてると まちがえるので おちついて やりました。

3 つぎの 文章に、それぞれ 「 」(かぎ)を 二つ つけましょう。

(1) ある 日の ことでした。お父さんが おくから そこに 出て きました。そして 大きい ほうの 兄《にい》さんに 言いました。おい、おい、金魚《きんぎょ》は ああ して おいて だいじょうぶかな。こおって しまいは しないか。
　大きい お兄さんは、こう 言いました。
　だいじょうぶでしょう。

(2) おしろの 前まで 来《き》た とき、加助《かすけ》が 言い出しました。
　さっきの 話は、きっと、そりゃあ、かみさまの しわざだぞ。
　えっ？
と、兵十《ひょうじゅう》は びっくりして、加助の 顔《かお》を 見ました。

STEP 2

ステップ2

月　日

時間 30分　合かく 80点

とく点　　点

答え⬇べっさつ12ページ

シール

1 つぎの 文章《ぶんしょう》の「。」が おちて いる ところに、「。」を つけましょう。「。」は、(　)の 中の 数《かず》だけ つけます。(40点／一つ4点)

(1) 日曜日《にちようび》、子ども会《かい》が おわって 帰《かえ》って くると、お父《とう》さんが、「鳥《とり》かごを 見て ごらん かわった 鳥が いるよ」と 言《い》いました (三つ)

(2) 月が 出ました 水が、きらきら 光《ひか》りました かえるは 楽《たの》しそうに ケロケロと 鳴《な》きました。(二つ)

(3) ねずみさん、こんにちは わたしは こうもりです あそびに きましたから、どうか お前《まえ》さんの なかまに 入れて ください (三つ)

(4) ちょうど 昼《ひる》 少《すこ》し すぎて、上天気《じょうてんき》で、空には 雲《くも》 一つ ありませんでした 昼《ひる》間《ま》でも 草の 中には もう 虫の 音《ね》が して いましたが、それでも すなは あつくって、はだしだと 時時《ときどき》 草の 上に かけあがらなければ いられないほどでした (二つ)

たいせつ

2 つぎの 文章は、「、」の つけ方《かた》で いみが ちがって きます。□の いみに なるように、(　)の 中の 数だけ「、」を つけましょう。(36点／一つ4点)

(1) ぼくは 自転車《じてんしゃ》に のって にげる どろぼうを おいかけました。(二つ)

〈いみ〉自転車に のって いるのは どろぼう。

(2) ぼくは　自転車に　のって　にげる　どろぼうを　おいかけました。　（二つ）

〈いみ〉自転車に　のって　いるのは　ぼく。

(3) わたしは　まどの　そばに　すわって　歌《うた》を　歌って　いた　おばさんと　りんごを　食《た》べました。　（二つ）

〈いみ〉まどの　そばに　すわって　いたのは　おばさん。

(4) わたしは　まどの　そばに　すわって　歌を　歌って　いた　おばさんと　りんごを　食べました。　（三つ）

〈いみ〉まどの　そばに　すわって　いたのは　わたし。

たいせつ

3 つぎの　文章に、「　」（かぎ）を　四つ　つけましょう。（24点／一つ6点）

どこかに　やどやは　ないかと、きょろきょろ　見まわしながら　やってきますと、もしもし。

と　三郎次《さぶろうじ》を　よびとめる　女の　人が　ありました。

はいはい、わたしを　およびに　なりましたか。

と　立ちどまりますと、女の　人は、三郎次の　顔《かお》を　見ながら、

あなたは　たびの　お人ですか。

と　聞《き》きました。

はい。わたしは　丹波《たんば》の　国《くに》から　みやこへ　まいる　もので　あります。

と、いいました。

（きくち　かん「一郎次《いちろうじ》、二郎次《じろうじ》、三郎次」）

ステップ 3

月　日
時間 30分
合かく 80点
とく点　　点
答え⬇べっさつ12ページ
シール

1 上・中・下の ことばが うまく つづく ように、——線《せん》で むすびましょう。（10点／一つ2点）

(1)
鳥《とり》が・　・そよそよ・　・ながれる。
水が・　・さっと・　・とびたつ。
風《かぜ》が・　・ザーザー・　・ふく。

(2)
あら、・　・家《いえ》に・　・わたしのよ。
もう・　・それ・　・帰《かえ》ろうよ。
大声《おおごえ》で・　・母《はは》に・　・言《い》った。

2 つぎの 文で、「何《なに》が(は)」「だれが(は)」に 当《あ》たる ことばには ＝線を、「どう する」「どんなだ」「何だ」に 当たる ことばには ——線を、右がわに 引《ひ》きましょう。（12点／一つ4点）

(1) かわいい 犬が ワンワンと ほえました。

(2) くまは おこったように ひくく うなりました。

(3) なんて すばらしいのでしょう、雲《くも》の 上からの ながめは。

3 つぎの 文に それぞれ 「、」を 一つと 「。」を 一つ つけましょう。（20点／一つ2点）

(1) 知《し》らない おばさんが わたしに おじぎを しました

(2) 妹《いもうと》は、げんかんの 前《まえ》で わたしを まって いました

(3) 「きみ うれしそうだね」

(4) ぼくの つくえの 上は いつも きれいに かたづいて います

(5) お父《とう》さんが、「おねがいだから しずかに して くれないか」と 言いました。

4 つぎの 文の つづきを 書《か》いて、まとまった 文に しましょう。(30点／一つ10点)

(1) 弟《おとうと》が いっしょうけんめい──→

〔　　　　〕

(2) 母と いっしょに──→

〔　　　　〕

(3) 雨が ふって きたので──→

〔　　　　〕

5 つぎの 文章《ぶんしょう》に 「、」を 六つ、「。」を 七つ、「 」を 二つ 正しく つけて、あとの ますに 書き直《なお》しましょう。ひつような ときは 行《ぎょう》を かえて 書きます。(28点／一つ2点)

えりちゃんは おとなりに すんで いる 一年生です みきちゃんと 言って 毎朝《まいあさ》 わたしを むかえに きます

えりちゃんは 少《すこ》し こわがりです 大きな 犬が いる 家の 前では いつも わたしの かげに かくれます こわくないよと、わたしは えりちゃんを はげまします

12 しを読《よ》む

学習のねらい
詩を読むときは、作者が何に驚き、何に感動しているのかを考えながら読みます。情景を思い描き、作者の心の動きをとらえましょう。

月　日

答え➡べっさつ13ページ

STEP 1 ステップ1

1 つぎの　しを　読《よ》んで、あとの　といに　答《こた》えましょう。

びりの　きもち　　さかた　ひろお

びりのきもちが　わかるかな
みんなのせなかや　足のうら
じぶんの鼻《はな》が　みえだすと
びりのつらさが　ビリリビリビリ

だからきらいだ　うんどうかい
まけるのいやだよ　くやしいよ
おもたい足を　追《お》いぬいて
びりのきもちが　ビリビリビリ

(1)「みんなのせなかや　足のうら」は、どんな　ようすですか。つぎの〔　〕に　当《あ》てはまる　ことばを　書《か》きましょう。

うんどうかいの〔　　　〕で、みんなが　自分《じぶん》より〔　　〕を　走《はし》り、その〔　〕や　足のうらが　見える　ようす。

(2)「びりの　きもち」が　よく　あらわれて　いる　ところを　一行《ぎょう》で　ぬきだしましょう。

〔　　　　　　　　〕

(3)「びりのつらさ」や「びりのきもち」を、べつの　ことばで　どう　あらわして　いますか。六字で　ぬきだしましょう。

2 つぎの　しを　読んで、あとの　といに答えましょう。

小さかったから　　つちだ　あきこ

ながい　ながい橋《はし》だった
ふかい　ふかい川だった
おおきな　おおきな牛《うし》だった
ひろい　□道《みち》だった
たかい　たかい屋根《やね》だった

みんな
わたしが　小さかったから

(1) この　しは、いくつの　まとまり(連《れん》)で　できて　いますか。数字《すうじ》で　答えましょう。
〔　　〕つ

(2) この　しの　中から、ものごとの　ようすを　あらわす　ことばを　六つ　見つけて、そのまま　書きましょう。
〔　　〕〔　　〕〔　　〕
〔　　〕〔　　〕〔　　〕

(3) □に　当てはまる　ことばを　三字で　書きましょう。

(4) この　しの　かきあらわし方《かた》に　ついて、当てはまる　ものを、つぎから　二つ　えらびましょう。
〔　　〕〔　　〕

ア　いろいろな　ものごとを、人間《にんげん》の　する　ことのように　たとえて　いる。
イ　同《おな》じような　ことばを　くりかえして、強《つよ》めて　いる。
ウ　はじめに　のべた　ことを、あとで　れいを　あげて　せつめいして　いる。
エ　ふつうとは　ことばの　じゅんじょを　ぎゃくに　して　あらわして　いる。

ステップ2

月　日
答え⬇べっさつ13ページ
時間 30分
合かく 80点
とく点　点
シール

1 つぎの しを 読《よ》んで、あとの といに 答《こた》えましょう。

土と草　　かねこ みすゞ《ず》

母《かあ》さん知《し》らぬ
草の子を、
なん千万《ぜんまん》の
草の子を、
土はひとりで
育《そだ》てます。

草があおあお
しげったら、
土はかくれてしまうのに。

(1) 「母さん知らぬ」と ありますが、だれの 「母さん」の ことですか。三字で 書《か》きましょう。(10点)

［　　　］の お母さん

(2) 「草があおあお／しげったら」と いうのは、草が どう なった ことを あらわして いますか。(15点)

〔　　　　〕なった こと

(3) この しを 書いた 人は、「土」の ことを どのように 感《かん》じて いますか。［　］に 当《あ》てはまる 三字の ことばを、それぞれ 書きましょう。(20点／一つ10点)

「土」は、なん千万の［　　　］を たいせつに 育てる［　　　］のような ものだ。

2 つぎの　しを　読んで、あとの　といに答えましょう。

ぼくの犬　　こいずみ　しゅうじ

おはよう
と言《い》うと
アーウ
と答えます
行《い》って来《く》るよ
と出かけるときは
じっと見ています
ただいま
と帰《かえ》ると
アーウ
と言います
ぼくの犬は無口《むくち》です

たいせつ

(1) この　しは、いくつの　まとまり(連《れん》)でできて　いますか。数字《すうじ》で　答えましょう。(10点)

［　　］つ

(2) 「ぼく」が　声《こえ》を　かけた　ときの、犬の　ようすを　三つ　書きましょう。(30点／一つ10点)

① ［　　］
② ［　　］
③ ［　　］

(3) 「無口」とは　どう　いう　いみですか。つぎから　えらびましょう。(10点)［　　］

ア　少《すこ》しも　話《はな》さない　こと。
イ　口数《くちかず》が　少《すく》ない　こと。
ウ　よく　話す　こと。

(4) この　しの　中で、ぜんたいを　まとめて　いる　一行《ぎょう》を　見つけて、書きましょう。(10点)

［　　］

13 話《はな》し合《あ》いの 文を 読《よ》む

学習のねらい
正しい伝言のしかたや話し合いのしかたを学びます。どんな人たちが、何について話し合っているのかに留意して、話し合いの内容を読み取りましょう。

月　日

答え⬇べっさつ13ページ

STEP 1 ステップ1

1 つぎの 文章《ぶんしょう》を 読《よ》んで、あとの といに 答《こた》えましょう。

ゆうた「今日《きょう》、二はんは 教室《きょうしつ》と ろうかの 当番《とうばん》だよ。」
り さ「わたしと まさみさんが、ろうかを そうじするわ。まさみさん、いい。」
まさみ「いいわ。ほうきと ちりとりを とって くるね。」
ゆうた「じゃあ、のこりの 四人で 教室の そうじを しよう。」
しんじ「わかった。ぼくは、つくえを はこぶよ。」
けんご「ぼくは、水を くんで くる。」
はるか「わたしも 行《い》くわ。」
り さ「ろうかが 早く おわったら、教室の そうじを 手つだうわ。」
ゆうた「うん。さっそく はじめよう。」

(1) 話《はな》し合《あ》いに くわわった 人は、何人《なんにん》ですか。
〔　　　〕

(2) つぎの ことを するのは、だれと だれですか。

① ろうかの そうじ
〔　　　〕と〔　　　〕

② 水くみ
〔　　　〕と〔　　　〕

(3) 二はんが そうじを する 場所《ばしょ》を 二つ えらびましょう。
〔　　　〕〔　　　〕

ア 教室　イ ろうか　ウ かいだん
エ うんどう場《じょう》

2 つぎの 文章を 読んで、あとの といに 答えましょう。

ゆきな「さいきん、学級《がっきゅう》の 本を きめられた 日までに かえさない 人が います。」
りょう「ぼくが よやくして いる 本は、その せいで なかなか じゅん番《ばん》が 回《まわ》って きません。」
まさと「本を かえす 日を わすれて しまうのでは ないでしょうか。」
ゆうき「まさとくんに さんせいです。」
先　生「では、みんなが 期日《きじつ》を わすれないように するには、どう したら いいでしょうか。……はい、ななさん。」
な　な「はい、本を かりる ときに、かえす 日を 書《か》いた 紙《かみ》を はさめば いいと 思《おも》います。その ために、本の かかりを きめたら どうでしょうか。」
先　生「ななさんの 考《かんが》えに ついて、意見《いけん》は ありませんか。」

(1) この 話し合いを 何と よびますか。
ア おたん生会《じょうかい》　イ 学級会
ウ おわかれ会　エ 学げい会
〔　　〕

(2) ――線《せん》に ついて、これは どう いう ことですか。
〔　　〕を〔　　〕までに かえさない 人が いる せい。

(3) ななさんの 考えを 二つ 書きましょう。
・〔　　〕
・〔　　〕

月　日

時間 30分　合かく 80点

答え⬇べっさつ14ページ

とく点　点

シール

たいせつ

1

つぎの 文章《ぶんしょう》を 読《よ》んで、あとの といに 答《こた》えましょう。

山田「五月の たん生会《じょうかい》を はじめます。①みなさん、おめでとうございます。はじめに、四人の 人に あいさつを して もらいます。まず、秋本《あきもと》くん。」

秋本「②みなさん、今日《きょう》は ありがとうございます。ぼくは、子どもの 日に 生まれました。□、ぼくの たん生日は 毎年《まいとし》、かしわもちと ケーキで いわいます。」

山田「つぎは、石原《いしはら》さん。」

石原「わたしの たん生日は 五月十三日です。今《いま》は この とおり 元気《げんき》ですが、小さい ころは 体《からだ》が 弱《よわ》くて、③お母《かあ》さんも お父《とう》さんも とても 心配《しんぱい》した そうです。」

山田「では、中野《なかの》さん。」

中野「わたしの たん生日は 今日です。去《きょ》年《ねん》の たん生会も うれしかったのですが、今年《ことし》は たん生日と たん生会が かさなって、④とくべつ うれしいです。」

山田「さいごに、玉川くん。」

玉川「ぼくの たん生日は 五月三十日です。この 学校に 転校《てんこう》して きて はじめての たん生日を、クラスの みんなに いわって もらえて、とても うれしいです。三月まで すんで いた 北海道《ほっかいどう》の ⑤しゃしんを もって きたので、あとで 見て ください。」

山田「これで、四人の あいさつが おわりました。つぎは、三ぱんの 人たちの 歌《うた》と おどりです。」

(1) ——線《せん》①・②の「みなさん」は、それぞれだれの ことですか。(10点/一つ5点)

① 〔　　〕 ② 〔　　〕

ア おいわいを して くれる 人

イ しかいを して くれる 人

ウ 五月に 生まれた 人

(2) これは、何《なに》の 会ですか。(10点)　〔　　〕

ア おわかれ会　**イ** 学級会《がっきゅう》

ウ おたん生会

(3) 五月に おいわいを して もらう 人は、何人《なんにん》ですか。(10点)　〔　　〕

(4) □に 当《あ》てはまる ことばは どれですか。(10点)　〔　　〕

ア けれども　**イ** それで

ウ たとえば　**エ** または

(5) つぎの 人は、いつ 生まれましたか。(10点/一つ5点)

石原さん 〔　　〕

玉川くん 〔　　〕

(6) ——線③に ついて、石原さんの お母さんと お父さんが 心配したのは なぜですか。(10点)

〔　　〕

(7) ——線④に ついて、中野さんが このように 思《おも》うのは なぜですか。(10点)

〔　　〕

(8) 玉川くんは、どこから 転校して きましたか。(10点)　〔　　〕

(9) ——線⑤に ついて、玉川くんが このように したのは なぜだと 思いますか。(10点)

〔　　〕

(10) おいわいを して もらう人 全員《ぜんいん》が 言《い》った ことは 何《なに》ですか。(10点)　〔　　〕

ア いつ 生まれたか。

イ どこで 生まれたか。

ウ 小さい ころの こと。

14 せつめい文を 読《よ》む

学習の ねらい
説明文を読むときは、一つ一つの事柄を正しく読み取ることが大切です。「こそあどことば」(指示語)や「つなぎことば」(接続語)に注意しましょう。

月　日

答え⬇べっさつ14ページ

ステップ1

1 つぎの 文章《ぶんしょう》は、「おにあそび」の 一つに ついて せつめいして います。これを 読《よ》んで、あとの といに 答《こた》えましょう。

①はしらおにと いうのは、おにに つかまりそうに なった とき、いそいで はしらや 木に さわれば、おには その 子を つかまえる ことが できないと いう おにあそびです。

［　　］、いつまでも はしらから はなれない 子を おい出す ため、おには、「♪いっさん ばらりこ 出ないと おに」と いう ＊じゅもんを となえます。②じゅもんは おにの めいれいですから、みんな その とおりに しなければ なりません。

おにが じゅもんを 言《い》うと、子どもは みんな 今《いま》 さわって いる ところを はなれて、べつの はしらへ うつろうと します。③この とき、おには はしらから はなれた 子どもを すばやく つかまえます。つかまった 子が つぎの おにに なって、はしらおには つづきます。

＊じゅもん＝まじないの ことば。

（かこ さとし「いろいろ おにあそび」）

(1) ――線①「はしらおに」とは、どんな あそびですか。つぎの ［　］に 当《あ》てはまる ことばを あとから えらんで、記号《きごう》で 書《か》きましょう。

おにに　つかまりそうに　なった　とき、
〔　　〕や〔　　〕に　さわれば、〔　　〕
は　その　子を　つかまえる　ことが
〔　　〕と　いう　あそび。

(2)　□に　当てはまる　ことばを　つぎから　えらびましょう。〔　　〕

たいせつ

ア　おに　イ　じゅもん　ウ　はしら
エ　木　オ　できる　カ　できない

ア　では　イ　また
ウ　すると　エ　けれども

(3)　——線②「じゅもんは　おにの　めいれいですから」と　ありますが、それは　どんな　いみの　めいれいだと　思《おも》われますか。
つぎの〔　　〕に　当てはまる　ことばを　書きましょう。

〔　　〕から　はなれないと、〔　　〕に　するよ。出なさい。

(4)　——線③「この　とき」とは、どんな　ときですか。

〔　　　　　　〕

(5)　この「はしらおに」の　おもしろい　ところは、どんな　ところですか。つぎから　えらびましょう。〔　　〕

ア　つかまった　子が　つぎつぎに　おにに　なって、おにが　どんどん　ふえて　いく　ところ。
イ　おにが　じゅもんを　言った　とき、いそいで　べつの　はしらに　ふれないと、つかまえられる　ところ。
ウ　おにの　言う　じゅもんが　いろいろ　あって、まちがえると、つかまえられる　ところ。

ステップ2

1 つぎの 文章《ぶんしょう》を 読《よ》んで、あとの といに 答《こた》えましょう。

これらの どうぶつは、うんちや おしっこで、歩《ある》いた ところに 自分《じぶん》の においを つけて いるのです。うんちや おしっこの においは、遠《とお》くまで ただよって いき、「ここは ぼくの 土地《とち》なんだぞ。」と いう ことを 知《し》らせる はたらきを して いるのです。

［　　］、①うんちや おしっこの においには、この ほかに、どのような はたらきが あるのでしょうか。

カバは、むれを つくって ぬまに すんで いて、夜《よる》に なると、遠くまで 草を さがしに 出かけます。②その とき、通《とお》る 道《みち》に うんちを して いきます。

③これは、まいごに ならないように しるしを つけて いるのです。うんちの においは 遠くまで とどくので、もどる ときは 道しるべの はたらきを するのです。

また、もどって きた ときには、④かたい しっぽで うんちを 左右に まきちらしながら、ぬまに 入って いきます。

ぬまに いる カバは、とびちって 広《ひろ》がった うんちの においで、もどって きたのが 自分たちの なかまだと 知る ことが できます。カバは、ぬまに いるのが みんな 自分たちの なかまだと 分《わ》かるので、あん心《しん》して ねむる ことが できます。うんちが、なかまで ある ことを 知らせる はたらきを して いるのです。

（たけたづ　みのる「うんちと　おしっこの　ひみつ」）

月　日
時間 30分
合かく 80点
とく点　点
答え↓べっさつ14ページ
シール

(1) □に　当《あ》てはまる　ことばを、つぎから　えらびましょう。(20点)〔　　〕

ア だから　**イ** たとえば
ウ つまり　**エ** では

(2) ――線《せん》①に　ついて、うんちや　おしっこの　においの　はたらきで　ない　ものを、つぎから　えらびましょう。(20点)〔　　〕

ア 自分の　なわばりを　知らせる　はたらき。
イ 遠くから　もどる　ときの　道しるべの　はたらき。
ウ 自分を　あん心させる　はたらき。
エ なかまで　ある　ことを　知らせる　はたらき。

(3) ――線②は、何《なに》が　どう　する　ときですか。(20点)

〔　　　　　　　　〕

(4) ――線③に　ついて、「これ」は　何を　さして　いますか。つぎから　えらびましょう。(20点)〔　　〕

ア カバが　ぬまに　すんで　いる　こと。
イ カバが　むれで　すんで　いる　こと。
ウ カバが　通る　道に　うんちを　する　こと。
エ カバが　しっぽで　うんちを　まきちらす　こと。
オ カバの　うんちの　においが　遠くまで　とどく　こと。

(5) ――線④に　ついて、カバは　何の　ために　このように　するのですか。〔　〕に　当てはまる　ことばを　書《か》きましょう。(20点)

ほかの　カバたちに、もどって　きたのが　自分たちの　〔　　　　〕だと　知らせる　ため。

15 ものがたりを 読《よ》む

学習のねらい

物語文では、登場人物をはっきりとらえ、それがどうしたのかを順を追って読み進んでいきます。「いつ」「どこで」などの、場面を正確にとらえることも大切です。

月　日

答え⬇べっさつ14ページ

ステップ1

1 つぎの 文章《ぶんしょう》を 読《よ》んで、あとの といに 答《こた》えましょう。

でも、山の 上の ①すみやきの おじいさんの こやにまでは、まだ 春《はる》は 来《き》て いません。おじいさんは、さむいと いたむ ひざを さすりながら、

「春が 来《く》れば この 足も よく なるだろうに。」

と、ひとりごとを 言《い》いました。

まどの 外《そと》で、一ぴきの 子りすが これを きいて いました。

この 子りすは、ゆきで たべものが 見つけられない 冬《ふゆ》の あいだ、おじいさんから まめや かつおぶしの かけらを もらって 元気《げんき》に くらしました。

「おじいさんが あんなに まって いる 春が、早く 来れば いいのに。……そうだ！」

②いい ことを 思《おも》いついて、子りすは いそいで 山を おりて いきました。

③ふもとに 来て みると、ほんとうに ④春めいて いました。

「春の しるしは ないかな？ あっ、すみれ！」

子りすは、かけよって そっと つむと、たいせつに 口に くわえて、山の こやへ むかって いそぎました。

「春の　おつかい、春の　おつかい。」
子りすは　□　たまりません。
こやの　ちかくまで　来て　ふと　見ると、すみれは　しおれて、もう　きれいでは　ありませんでした。

（ささき　たづ「春の　おつかい」）

(1)　——線《せん》①が、春を　まちどおしく　思って　いるのは　なぜですか。つぎから　えらびましょう。〔　　〕

ア　春に　なれば、山から　下りて、すみを　売《う》る　ことが　できるから。

イ　春に　なれば、子りすに　たべものを　やらなくて　よく　なるから。

ウ　春に　なれば、ひざの　ぐあいが　よく　なるだろうと　思うから。

エ　春に　なれば、子りすに　春の　おつかいに　行《い》って　もらえるから。

(2)　——線②に　ついて、これは　どう　いう　ことですか。〔　〕に　当《あ》てはまる　ことばを　書《か》きましょう。

冬の　あいだ　〔　　　　〕を　くれた　おじいさんの　ために、春の　〔　　　　〕を　見つけて　くる　こと。

(3)　——線③で、ふもとに　来たのは　何《なに》ですか。〔　　　　〕

(4)　——線④に　ついて、これは　どう　いう　いみですか。つぎから　えらびましょう。〔　　〕

ア　すっかり　春に　なって　いた。

イ　春らしく　なって　いた。

ウ　まだ　春に　なって　いなかった。

(5)　□　に　当てはまる　ことばは　どれですか。つぎから　えらびましょう。〔　　〕

ア　うれしくて　　イ　かなしくて

ウ　くやしくて　　エ　ほっとして

ステップ2

1 つぎの 文章《ぶんしょう》を 読《よ》んで、あとの といに 答《こた》えましょう。

ある 日の ことでした。

コウくんが 野原《のはら》を 走《はし》り回《まわ》って、

「やい、北風《きたかぜ》、早く 春《はる》を つれて こい。」

と さけんだら、北風は ゴウと うなって、コウくんの マフラーを はい色《いろ》の 空高《たか》く まき上げて しまいました。

草色の マフラーは、高く ひくく、こな雪《ゆき》と いっしょに 遠《とお》くまで とばされて、しらかばの 林に 引《ひ》っかかりました。

はだかんぼうの しらかばたちは、さむそうに ヒューヒュー なきながら、①草色の マフラーを とりっこして います。

「②いくじなし。」

と、コウくんは 言《い》いました。

「ぐんぐと 太《ふと》って、みどりの め 出せ。め 出して、はっぱ つけて、早く 春を つれて こい。」

［③］、しらかばたちは ザワザワと ざわめいて、ひらりと マフラーを かえして よこしました。

コウくんが うけとろうと したら、ヒュルル ヒュルルと ［④］が わらって、また、さあっと コウくんの マフラーを さらって いって しまいました。

それきり、草色の マフラーは、どこへ 行《い》ったのか 見つかりませんでした。

見つからなかったら、もう お父《とう》さんも お母《かあ》さんも 帰《かえ》って こないような 気がして、コウくんは、とうとう　ないて　しまいました。

（ごとう　りゅうじ「草色の　マフラー」）

(1) ——線《せん》①に　ついて、これは　どう　いう　ことを　あらわして　いますか。つぎから　えらびましょう。(20点)　〔　〕

ア 草色の　マフラーが、北風で　どんどん　遠くへ　とばされて　いる　こと。

イ 草色の　マフラーが、北風で　しらかばの　えだから　えだへと　とばされて　いる　こと。

ウ しらかばたちが、えだに　ひっかかった　草色の　マフラーを　とろうとして　いる　こと。

エ しらかばたちが　コウくんの　ために、草色の　マフラーを　つかまえようと　して　いる　こと。

(2) ——線②に　ついて、コウくんは　何《なに》に　むかって　こう　言いましたか。(20点)

〔　〕

(3) ③に　当《あ》てはまる　ことばを、つぎから　えらびましょう。(15点)　〔　〕

ア けれど　イ それから　ウ ただし　エ すると

(4) ④に　当てはまる　ことばを、つぎから　えらびましょう。(15点)　〔　〕

ア しらかば　イ 北風　ウ マフラー　エ お母さん

(5) コウくんが　まって　いる　春が、まだ　きて　いない　ことが　わかる　けしきを　二つ　書《か》きましょう。(30点／一つ15点)

・〔　〕の　空

・〔　〕の　しらかばたち

16 文章《ぶんしょう》の すじを 読《よ》む

学習のねらい

できごとの変化によって展開していく物語文は、時・場所・できごとなどから、順序を考えて読みます。説明文の多くは、「序論→本論→結論」の形で書かれています。

月　　日

答え⬇べっさつ15ページ

STEP 1

ステップ1

1 つぎの 文章《ぶんしょう》を 読《よ》んで、あとの といに 答《こた》えましょう。

ある 日、教室《きょうしつ》で、ミドリと マリ子が おしゃべりして いるのが、タカシの 耳に 聞《き》こえました。

㋐「リリーが、いなく なっちゃったの。町じゅう どこを さがしても、見つからないの。」

ミドリの 声《こえ》は、とても 悲《かな》しそうでした。

そこで、思《おも》わず タカシは、言《い》って しまいました。

㋑「リリーって、何《なに》？」

㋒「犬よ。白い、かわいい 子犬よ。この前《まえ》、もらったばかりなの……。」

ミドリが、言いました。

「いつ、いなく なったの？」

「一週間《しゅうかん》ぐらい 前だわ。」

森くんと、小川《おがわ》で シロを ひろって きたのも、一週間前です。すると、㋓ぼくたちの シロは、ミドリの 犬じゃないかしら。タカシは、きゅうに むねが どきどきして きました。

でも、㋔タカシは、シロの ことは、だまって いました。もし、シロが、ミドリの 犬だったら、かえさなくては ならないからです。

（おおいし まこと「白い 子犬」）

(1) この 文章では、おもに どこでの ことが 書《か》かれて いますか。

〔　　　　〕

たいせつ

(2) この 文章に 出てくる 人の 名前《なまえ》を すべて 書きましょう。

〔　　〕

(3) ㋐〜㋒の 会話文《かいわ》は、それぞれ だれが 言った ことばですか。その 人の 名前を 書きましょう。(同《おな》じ 名前が あっても よいです。)

㋐〔　　〕 ㋑〔　　〕

㋒〔　　〕

(4) 「リリー」と いうのは、何でしたか。ミドリが 話《はな》した ことばの 中から、一字で ぬきだしましょう。

〔　　〕

(5) ——線《せん》㋓に ついて、答えましょう。

① タカシが、「シロは ミドリの 犬じゃないかしら」と 思《おも》ったのは、なぜですか。つぎの 〔　〕に 当《あ》てはまる ことばを 書きましょう。

ミドリの〔　　〕という 子犬が いなく なったのが、〔　　〕ぐらい 前で、タカシたちが 〔　　〕を ひろって きたのと 同じ ころだったから。

② また、「ミドリの 犬」かも しれないと 思った ときの、タカシの 気もちが あらわれて いる 文を 見つけて、ぬきだしましょう。

〔　　〕

(6) ——線㋔に ついて、タカシが シロの ことを だまって いたのは、なぜですか。

〔　　〕

ステップ2

1 つぎの 文章《ぶんしょう》を 読《よ》んで、あとの といに 答《こた》えましょう。

ハクチョウは、冬《ふゆ》に なると 北《きた》の 国《くに》から やってきて、春《はる》に なると、また もどって いきます。このように、きせつに よって すむ ばしょを かえる 鳥《とり》の ことを、「①わたり鳥《どり》」と いいます。日本に やって くる ハクチョウは、オオハクチョウと コハクチョウと いう しゅるいです。

これらの ハクチョウは、ふだんは 日本より 北に ある シベリアなどで くらして います。②そこでは 冬の さむさは とても きびしく、みずうみは こおって しまうし、えさも とれなく なるので、冬に なると、あたたかい 日本に やってくるのです。（ひさみち けんぞう「かがくなぜどうして 二年生」）

(1) ——線《せん》①「わたり鳥」とは、どんな 鳥ですか。（10点）

［　　　　　　　　］

(2) ——線②「そこ」とは どこですか。（10点）

［　　　　　　　　］

(3) ハクチョウが 冬に なると、北の 国から やってくるのは、なぜですか。（20点）

［　　　　　　　　］

2 つぎの 文章を 読んで、あとの といに 答えましょう。

「電車《でんしゃ》は こわい ものだってね、じっと つかまって なくちゃあ ひかれるのかしら。」

「そうじゃ　ないだろう、のる　時《とき》が　あぶないのだよ、それから　おりる　時なんかね。」
赤《あか》は　いちばん　大きい　ものですから、㋐ほかの　二ひきに　こんな　ことを　言《い》い言い、甲武線《こうぶせん》の　電車の　新宿《しんじゅく》の　てい車場《ステーション》へ来《き》ました。
「きっぷを　三まい　ください。」
出さつ口《（きっぷうりば）》で　赤が　大きい　声《こえ》で　言いますと、
「あなたは　金魚《きんぎょ》さんじゃ　ありませんか、㋑金魚さんに　きっぷは　あげられません、お手が　ないから。」
と　えきふ《（えきいん）》は　言いました。
「赤さん、のれないのかい。」
白《しろ》は　心配《しんぱい》そうに　言いました。
「つまらないなあ。」
ぶちは　ひとりごとを　言ってます。

「えきふさん、ぼくらは　のれないのですか。」

赤が　聞《き》いて　みますと、

「のっても　よろしい。」

と　えきふさんは　言いました。

（よさの　あきこ「金魚の　お使《つか》い」）

(1) ——線㋐の　名前《なまえ》を　書《か》きましょう。（10点）
［　　］と［　　］

(2) えきふが　——線㋑のように　言ったのは　なぜですか。（10点）
［　　］

(3) この　話《はなし》の　すじを　まとめます。［　］に　合《あ》う　ことばを　書きましょう。（40点／一つ10点）
① 三びきの［　　］が　てい車場に　来た。
② ［　　］を　買《か》おうと　すると、［　　］に　ことわられた。
③ 電車に　のれないかもと［　　］したが、のっても　よい　ことに　なった。

月　日

答え⬇べっさつ16ページ

時間 30分
合かく 80点
とく点　点
シール

1 つぎの 文章《ぶんしょう》を 読《よ》んで、あとの といに 答《こた》えましょう。

㋐どうぶつに 食《た》べられなかった どんぐりの なかには、ねを 出す ものが あります。［㋑］、せっかく ㋒ねを 出しても、冬《ふゆ》に なって、つめたい 北風《きたかぜ》が ふきだし、しっかり ねが つく まえに、しもに 当《あ》たると、だめに なって しまう ことが あります。うんよく、おちばなどの かげに あって、しもに 当たらなかった どんぐりが 生きのこります。そして、しっかり ねを つけた どんぐりや、ねを 出さなかった どんぐりと いっしょに、春《はる》が 来《く》るのを まつのです。

　春に なり、あたたかい 光《ひかり》が、林の 中を てらすように なると、しっかり ねを つけて 冬を こして きた どんぐりは、めを 出しはじめます。［㋓］、㋔冬を こす ことが できた その ほかの どんぐりも、あたらしい ねや めを 出しはじめます。しかし、どの どんぐりの めも、ぜんぶ すくすくと 大きく そだつのかと いえば、㋕そうでは ありません。

　夏《なつ》に なると、林の 中は、木が いっぱいに しげって、日が 当たりに くく なります。日の 当たらない ところでは、めは うまく そだちません。うんよく、日当たりの よい ところに 出た めでも、のうさぎや、ほかの どうぶつに 食べられて しまう ことが あるのです。

　どんぐりは、めが 出てから 七年か 八年 たつと、いちにんまえの 木に なります。

（ひろい　としお「林の　どんぐり」）

(1) ——線《せん》㋐に ついて、これが うまく そだつと、さいごには 何《なに》に なりますか。(10点)

〔　　　　〕

(2) □㋑・㋓に 当てはまる ことばを つぎから えらびましょう。(20点/一つ10点)

㋑〔　　　〕 ㋓〔　　　〕

ア でも　イ たとえば

ウ また　エ だから

(3) ——線㋒に ついて、ねを 出したのは 何ですか。四字で 書《か》きましょう。(10点)

(4) ——線㋔は、どんな どんぐりですか。二つ 書きましょう。(20点/一つ10点)

〔　　　　〕

〔　　　　〕

(5) ——線㋕に ついて、答えましょう。(40点/一つ10点)

① 「そう」とは、どう いう ことですか。

どんぐりの〔　　　〕が、ぜんぶ〔　　　　〕と いう こと。

② では、「そう」 ならなかった 場合《ばあい》、どう なりますか。つぎから 二つ えらびましょう。〔　〕〔　〕

ア 日が 当たりにくくて、うまく そだたない。

イ 七年か 八年後《ご》には、りっぱな 木に なる。

ウ 日当たりが よいので、すくすくと そだつ。

エ 出た めを のうさぎなどの どうぶつに 食べられる。

月　日　時間 30分　合かく 80点　答え→べっさつ16ページ　とく点　点　シール

1 つぎの 文章《ぶんしょう》を 読《よ》んで、あとの といに 答《こた》えましょう。

「こら、ぼうし、まてえ。」

えっちゃんと きつねと 牛《うし》は 走《はし》りだしました。ぼうしは、リボンを [①] させながら、七色《なないろ》の 林の 方《ほう》へ とんで いきます。

えっちゃんたちが、その 林に 入って いくと、木よりも 高《たか》い 大男が、どかんと すわって いました。そして、ぼうしを りよう手で もって、ふしぎそうに ながめて いました。

「それ、あたしのよ。」

「ぼくのだよ。」

「わたしのですよ。」

えっちゃんと きつねと 牛は、いっしょに 言《い》いました。

「②名前《なまえ》を 見て ちょうだい。」

すると、大男は、えっちゃんたちを じろりと 見下ろしました。それから、あっと いう 間《ま》に [③]。ぼうしを 口の 中に 入れました。そして、④すまして 答えました。

「[⑤]。だから、名前も 食《た》べちゃった。」

大男は、したなめずりを して、じろりじろり 見下ろしながら、言いました。

「もっと 何《なに》か 食べたいなあ。」

⑥牛が、後《あと》ずさりを しながら、ぶつぶつ つぶやきました。

「早く 帰《かえ》らなくっちゃ。いそがしくて、いそがしくて。」

牛は、くるりと むきを かえると 風《かぜ》の ように 走って いって しまいました。

（あまん きみこ「名前を 見て ちょうだい」）

(1) [ ] ①・③に 当《あ》てはまる ことばを つぎから えらびましょう。(20点／一つ10点)

① 〔　　〕 ③ 〔　　〕

ア ひらひら イ ごくん

ウ はらはら エ ぱくん

(2) ――線《せん》②に ついて、これは どう いう ことですか。(40点／一つ10点)

書《か》いて ある 〔　　〕を 見れば、ぼうしが 〔　　〕と 〔　　〕と 〔　　〕の うち だれの ものか わかると いう こと。

(3) ――線④に ついて、これは どう いう いみですか。つぎから えらびましょう。(10点)

〔　　〕

ア ふきげんな ようすで

イ へいきな ようすで

ウ ふしぎそうな ようすで

エ まんぞくした ようすで

(4) [⑤]に 当てはまる ことばを つぎから えらびましょう。(15点)

〔　　〕

ア ふしぎだね

イ 知《し》らないよ

ウ 食べちゃったよ

エ 見て あげるよ

(5) ――線⑥に ついて、牛が このように したのは なぜですか。つぎから えらびましょう。(15点)

〔　　〕

ア 大男に 食べられるのが こわくて、少《すこ》しでも 遠《とお》ざかりたかったから。

イ きゅうに 用事《ようじ》を 思《おも》い出して、早く 帰らなくてはと あせったから。

ウ 大男の ぎょうぎの わるさに あきれて、もんくを 言いたく なったから。

エ 三人を だいひょうして、大男に 立ちむかおうと 思ったから。

17 生活文《せいかつぶん》を 書《か》く

学習のねらい
生活文は、時間の順序・行動の展開・書いた人の気持ちを中心に読みます。自分で書くときも、順序を整理して文章を書くようにします。

月　日

答え➡べっさつ16ページ

ステップ1

1 (1)〜(4)の 文が まとまった お話《はなし》に なるように、〔　〕に つづきを 書《か》きましょう。

(1) きのう 雨が ふって いたけれど、〔　　〕。

(2) それで、今日《きょう》 わたしは かぜを ひいたので、〔　　〕。

(3) そして、〔　　〕。

(4) すると、〔　　〕。

2 つぎの 文章《ぶんしょう》を 読《よ》んで、あとの といに 答《こた》えましょう。

だいじに のばして いた かみの 毛《け》を 切《き》りに とこやさんへ 行《い》きました。

わたしの 番《ばん》が 来《き》て、いすに こしを かけました。とこやさんの おじさんが、

「どのくらいに 切りますか。」

と 聞《き》きました。わたしは、きゅうに 切るのが おしく なりましたが、がまんして、

「かた すれすれに 切って。」

と、①小さい 声《こえ》で いいました。

「かた すれすれですね。」

と いうと、②ジョキリと はさみの 音が して、白い きれに ③パサッと、かみの 毛が おちて きました。わたしは ④目を つ

ぶって、はさみの　音を　聞いて　いました。

(1) ――線《せん》①に　ついて、なぜ　小さい　声に　なったのですか。

［　　　　　　　　］

(2) ――線②・③は、それぞれ　何《なに》の　音ですか。

②［　　　　　　　　］

③［　　　　　　　　］

(3) ――線④の　とき、この　文章を　書いた　人は、どんな　気もちでしたか。つぎから　えらびましょう。［　　］

ア 切って　さっぱり　した。

イ おしいけれど　しかたが　ない。

ウ 早く　あそびに　行きたい。

(4) この　文章は、つぎの　メモを　もとに　書いたのですが、その　メモを　ところどころ　けしゴムで　けして　しまいました。①・⑤を　書きましょう。

はじめ	なか			おわり
①	② とこやさんの　おじさんが、「どのくらいに　切りますか。」と　聞いた。	③ わたしは、きゅうに　おしくなって、「かた　すれすれに　切って。」と　小さい　声で　いった。	④ ジョキリと　はさみの　音が　して、パサッと　かみの　毛が　おちた。	⑤

STEP 2 ステップ2

たいせつ

1 つぎの 文章《ぶんしょう》を 読《よ》んで、あとの といに 答《こた》えましょう。

ぼくは、①くきの ね元《もと》を つかんで ぐいっと 引《ひ》っぱりました。②と 音が して、じゃがいもが 二つ、ねに くっついて きました。

土を はらって みると、③した おいしそうな じゃがいもでした。

ぼくが 土の 中を さがすと、大きな じゃがいもに 手が さわりました。ぼくの にぎりこぶしの 二ばいほど ある 大きな のが、④と 出て きました。小さい じゃがいもが、⑤七つも 出て きました。

しなびて、ぐじゃぐじゃに なった じゃがいもも、出て きました。⑥それは たねいもでした。

(1) ――線《せん》①に ついて、これは 何《なに》の くきですか。(10点) 〔　　　〕

(2) ②～④に 当《あ》てはまる ことばを つぎから えらびましょう。(15点／一つ5点)

ア つやつや　**イ** ドンドン　**ウ** ぴかぴか　**エ** グスッ　**オ** ごろり

② 〔　　　〕 ③ 〔　　　〕 ④ 〔　　　〕

(3) ――線⑤に ついて、なぜ こう 書《か》いたのですか。(10点)

〔　　　〕

(4) ――線⑥に ついて、これは 何を さして いますか。(10点)

〔　　　〕

たいせつ

2 つぎの 文章を 読んで、あとの といに 答えましょう。

五月五日、ぼくは、家《いえ》の 人たちと、わら

月　日

答え⬇べっさつ16ページ

時間 30分　合かく 80点　とく点 点

シール

びを　とりに　山へ　行《い》きました。山へ　のぼって、下の　けしきを　見ました。田が、ならんで　いるように　見えました。川は　まがりくねって　ながれて　いるのが　わかりました。

　わらびを　とるのは、はじめてです。ぼくは、

「どんな　ところに　生《は》えて　いるのかなあ。」

と　思《おも》いました。お父《とう》さんに　ついて、わらびを　さがしました。わらびは、日当たりの　よい　ところに　たくさん　生えて　いました。

「あったよう。あったよう。」

と、お母《かあ》さんと　妹《いもうと》に　大声《おおごえ》で　知《し》らせました。お父さんは、

「くきの　ね元から　おるんだよ。」

と　いって　教《おし》えて　くれました。

---

(1) つぎの　ひょうを　かんせいしましょう。（20点／一つ5点）

だれが（四人）	①
いつ	②
どこで	③
何を　した	④

(2) この　文章を　書いた　人は、山へ　のぼって　まず　何を　しましたか。（10点）

【　　　】

(3) 山から　見た　田や　川の　ようすを　書きましょう。（10点／一つ5点）

① 田【　　　】

② 川【　　　】

(4) わらびは、どんな　ところに　生えて　いましたか。（5点）【　　　】

(5) わらびの　とり方《かた》を　書きましょう。（10点）

【　　　】

18 手紙《てがみ》を 書《か》く

学習のねらい
手紙には、きまった形があります。これをふまえて用件を読み取りましょう。また、自分でも事柄を整理して書くことができるようにします。

月　日

答え➡べっさつ17ページ

STEP 1 ステップ1

1 つぎの 手紙《てがみ》を 読《よ》んで、あとの といに 答《こた》えましょう。

①おばあちゃん、お元気《げんき》ですか。わたしは 元気です。

②この 前《まえ》は 一週間《いっしゅうかん》も とめて くれて ありがとうございました。神社《じんじゃ》の 森で せみを とったり、川で 魚《さかな》を とったり、毎日《まいにち》 楽《たの》しかったです。みんなで した 花火は、とても きれいでした。

③まだまだ あつい 日が つづくそうです。おばあちゃん、体《からだ》に 気を つけて ください。

八月二十日　　あやか

おばあちゃんへ

---

(1) この 手紙は、だれから だれに あてた ものですか。

〔　　〕から〔　　〕へ。

(2) この 手紙で いちばん 大事《だいじ》な ところは、①～③の だんらくの うち どれですか。

〔　　〕

(3) あやかさんが おばあちゃんの ところで した ことを、三つ 書《か》きましょう。

・〔　　〕

・〔　　〕

・〔　　〕

(4) あやかさんが おばあちゃんの 家《いえ》に とまった きせつは、いつですか。

〔　　〕

2 つぎの　手紙を　読んで、あとの　といに　答えましょう。

はじめまして。ぼくは、さくらおか小学校二年二組《くみ》の　山内《やまうち》のぶとと　いいます。

ぼくたちは　今《いま》、じゅぎょうで　いろいろな　しごとに　ついて　学んで　います。今度《こんど》　はんごとに　ちがう　しごとを　しらべる　ことに　なり、ぼくの　はんは　どうぶつ園《えん》の　しごとを　しらべる　ことに　なりました。まず、本や　インターネットで　しらべた　あと、じっさいに、はたらいて　いる　人たちに　お話《はなし》を　聞《き》かせて　もらうよていです。

そこで、十月の　はじめごろに、はんの　六人で　どうぶつ園に　行《い》って、しいくいんさんたちの　お話を　聞かせて　いただきたいのですが、ゆるして　もらえますか。

おへんじ　まって　います。

九月十三日　　山内　のぶと

さくらおかどうぶつ園の　みなさま

---

(1) 山内さんの　はんは、何《なに》を　しらべる　ことに　なりましたか。

〔　　　　　　〕

(2) どう　いう　手じゅんで、しらべる　よていですか。

まず、〔　　　　　　〕て、

その　あと　〔　　　　　　〕よてい。

(3) 何人《なんにん》で、どうぶつ園に　行くのですか。

〔　　　　　　〕

(4) 山内さんは、どうぶつ園で　どう　したいと　たのんで　いますか。

〔　　　　　　〕

ステップ2

月　日

答え⬇べっさつ17ページ

時間 30分　合かく 80点　とく点　点

シール

たいせつ

1 つぎの 手紙《てがみ》を 読《よ》んで、あとの といに 答《こた》えましょう。

ゆきやくん、けがの 具合《ぐあい》は どうですか。「来週《らいしゅう》には 学校に 来《こ》られるそうです。」と、きのう 先生から 聞《き》きました。クラス ぜんいん 来週が まちどおしくて たまりません。

今日《きょう》 体育《たいいく》の 時間《じかん》に、うんどう会《かい》の リレーの れんしゅうを しました。ぼくは、赤組《あかぐみ》の さいごを 走《はし》りました。まことくんから たすきを うけ取《と》った とき、ぼくらの 組は うしろから 二番目《にばんめ》でした。ぼくは、

①

ゴールが 近《ちか》づいて きて、ぼくは、

②

うんどう会 本番も、今日みたいに うまく 走れると いいな。

ゆきやくんも、早く けがを なおして いっしょに 走ろうね。

四月二十一日

早川 たかし

川田 ゆきやくんへ

(1) この 手紙は、だれから だれに あてた ものですか。（10点／一つ5点）

〔　　　〕から 〔　　　〕へ。

(2) 手紙の ①・② の 部分《ぶぶん》を、絵《え》を 見て 書《か》きましょう。（40点／一つ20点）

たいせつ

2 つぎの 手紙を 読んで、あとの といに 答えましょう。

わたしたちの 組では 今月《こんげつ》から、毎月《まいつき》 たん生会《じょうかい》を する ことに なりました。その 月に 生まれた 人の おいわいを 一度《いちど》に します。

四月二十七日に、第一回《だいいっかい》の たん生会を します。四月に 生まれた 人たちは 大よろこびです。ほかの みんなも、楽《たの》しい 会に しようと はりきって います。

プログラムを おくります。どうぞ みなさん、おいで ください。

四月十五日

二年一組

おうちの みなさんへ

(1) この 手紙を 書いた 人が、いちばん つたえたかった ことは、つぎの どれですか。(10点)

［　］

ア 今度、わたしたちの 組で、たん生会を する こと。

イ 組の たん生会に、みんな 来《き》て くださいと いう こと。

ウ プログラムを おくった こと。

(2) この 手紙は、だれから だれに あてた ものですか。(10点／一つ5点)

［　　　］から［　　　］へ。

(3) ［　］に 当《あ》てはまる 前書《まえが》き（はじめの あいさつ）を、自由《じゆう》に 書きましょう。(30点)

19 かんさつ文・きろく文を書《か》く

学習のねらい
観察文・記録文は、事実を正確に読み取ります。書くときは、題材について必要な事柄を集め、続き方に注意して、文章の展開がわかりやすいように書きます。

月　日

答え⬇べっさつ17ページ

ステップ1

1 つぎの　文章《ぶんしょう》を　読《よ》んで、あとの　といに　答《こた》えましょう。

大木くんが、木の　えだに　ついた　かまきりの　たまごを　もって　来《き》ました。

たまごは、あわの　かたまりのような　ものです。よく　見ると、(ア)その　中から、(イ)とても　小さな　へびのような　虫が　出て　いました。

「あ、(ウ)かまきりの　子が　生まれて　いる。」

ぼくは、いそいで　みんなに　知《し》らせました。

かまきりの　子は、たまごの　ほうぼうの　あなから、どんどん　出て　きました。出て　きた　かまきりは、あつまって　かたまりを　作《つく》りました。十四、五ひきの　かたまりも　あれば、五、六十ぴきの　かたまりも　あります。

先に　出たのは　しきりに　足を　うごかして　いました。

それから　よく　見ると、ひげが　生えて　いました。

かまきりと　そっくりです。ただ　ちがうのは、はねが　ない　ことだけです。

一センチメートルに　足りない、茶色《ちゃいろ》を　した　かまきりでした。

それから、たまごの　上や　木の　えだに　はい出したり　する　ものが　出て　きました。その　うちに、体《からだ》じゅうが、青白い　色に　かわって　いきました。

(1) かまきりの　たまごを　もって　来たのは　だれですか。

〔　　　　　　〕

(2) たまごは、何《なに》に　にて　いましたか。

〔　　　　　　〕

(3) ――線《せん》㋐に　ついて、これは　何を　さして　いますか。

〔　　　　　　〕の　中

(4) ――線㋑に　ついて、これは　何の　ことですか。

〔　　　　　　〕

(5) ――線㋒に　ついて　答えましょう。

① 生まれて　きた　かまきりの　子が　した　ことで、正しく　ない　ものは　つぎの　どれですか。〔　　〕

ア あつまって、いろいろな　大きさの　かたまりを　作った。

イ どれも、しきりに　足を　うごかしつづけて　いた。

ウ たまごの　ほうぼうの　あなから、どんどん　出て　きた。

エ たまごの　上や　木の　えだに　はい出る　ものも　いた。

② かまきりの　子が　かまきりと　ちがって　いるのは、どんな　ことですか。

〔　　　　　　〕

③ かまきりの　子の　大きさは　どれくらいですか。〔　〕に　当《あ》てはまる　ことばを　書《か》きましょう。

〔　　　　〕に　足りないくらい。

④ かまきりの　子の　色は、どう　かわりましたか。

〔　　　〕から〔　　　〕へ。

STEP 2 ステップ2

月　日

答え➡べっさつ17ページ

時間 30分　合かく 80点　とく点　点

シール

たいせつ **1** つぎの 文章《ぶんしょう》を 読《よ》んで、あとの といに 答《こた》えましょう。

楽《たの》しみに して いた 日曜日《にちようび》の 朝《あさ》が 来《き》ました。今日《きょう》は、父《ちち》と いっしょに ゆうらんひ行《こう》きで、東京《とうきょう》の 町を 空から 見る ことに なって います。

ぼくたちは、バスで 東京の 近《ちか》くの 町に ある ひ行場《じょう》へ 行《い》きました。

ひ行場の 待合室《まちあいしつ》で しばらく まってから、かかりの 人の あんないで、ゆうらんひ行きに のりました。六人のりの ひ行きです。

(1) この 文章を 書《か》いた 人は、何《なに》を する ために、どこへ だれと 行きましたか。(24点／一つ6点)

① 〔　　〕で、空から 〔　　〕ために。

② 〔　　〕へ。

③ 〔　　〕と。

(2) かかりの 人は、だれを どこへ あんないしましたか。(12点／一つ6点)

① 〔　　〕を。

② 〔　　〕へ。

(3) どんな ひ行きに のりましたか。(6点)

〔　　〕

(4) この 文章の つづきを、絵《え》を 見て 書きましょう。〔　〕には、①のように □ から ことばを えらんで 入れます。(30点／一つ10点)

それに　だから　さて　しかし

2 つづき方《かた》に　気を　つけて、文を　かんせい　させましょう。（28点／一つ7点）

①〔しかし〕、

②〔　　　　〕、

③〔　　　　〕、

(1) 図工《ずこう》の　時間《じかん》に　ぼくは　絵のぐを　わすれて　きました。だから、

(2) ぼくは　今日　友《とも》だちと　あそぶ　やくそくを　して　いました。けれども、

(3) ぼくは　公園《こうえん》で　さいふを　おとしました。そのうえ、

(4) 今日は　朝　早く　おきました。そして、

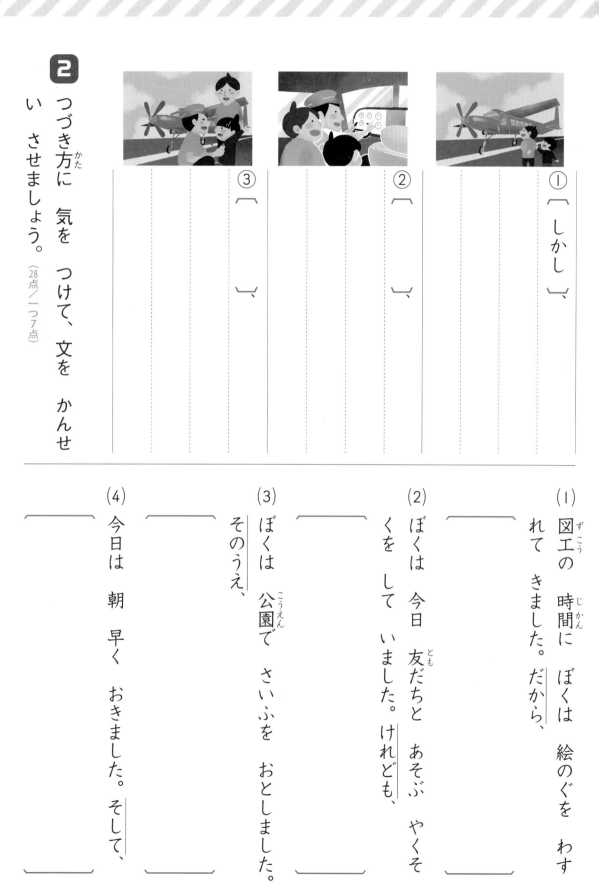

20 じゅんじょよく 書《か》く

学習のねらい

だれがどうしたかや、何がどうなったかなど、できごとの順序に気をつけて読みます。書くときも、事柄を整理して、順序よく書くようにしましょう。

月　日

答え⬇べっさつ18ページ

ステップ1

1 つぎの 文章《ぶんしょう》を 読《よ》んで、あとの といに 答《こた》えましょう。

きのう、ぼくは、お父《とう》さんに スキーの すべり方《かた》を 教《おし》えて もらいました。

はじめは、にわで スキーを はいて 歩《ある》く れんしゅうです。

「お父さん、早く すべらせてよ。」

と、ぼくが いったら、お父さんは、

「はじめは、歩く れんしゅうを するんだ。歩けるように なれば、すぐ すべる ことが できるからね。」

と いいました。

ようやく うまく 歩けるように なったので、近《ちか》くの さかで すべる ことに しました。

ぼくが さかの 上まで 行《い》こうと したら、

「まだ 早い。さいしょは、この へんで やりなさい。」

と、お父さんに いわれたので、下の ほうで すべりました。

(1) この 文章を 書《か》いた 人は、いつ、だれに、何《なに》を 教えて もらいましたか。

① いつ〔　　〕

② だれに〔　　〕

③ 何 を〔　　〕

(2) はじめに、どこで どんな ことを しましたか。

①〔　　〕で、

②〔　　〕を した。

(3)――線《せん》「この　へん」は、どこを　さして　いますか。

さかの〔　　　　　　　〕

2　(1)〜(3)の　文が　まとまった　お話《はなし》に　なるように、〔　〕に　つづきを　書きましょう。

(1)　ぼくが　野原《のはら》で　本を　読んで　いたら、

〔　　　　　　　　〕。

(2)　ぼくは　その　ちょうを　つかまえようと、

〔　　　　　　　　〕。

(3)　でも、〔　　　　　　　　〕。

3　つぎの　文章を　読んで、あとの　といに　答えましょう。

朝《あさ》、とつぜん　さなぎの　せなかが　われて、あげはの　頭《あたま》が　からの　外《そと》に　出はじめました。いよいよ　あげはの　たんじょうがはじまったのです。頭に　つづいて、体《からだ》がゆっくり　出てきて、すっぽりと　さなぎから　ぬけ出します。しばらく　すると、ちぢんで　いた　羽《はね》も　みごとに　のびてきます。

たまごの　ときから　数《かぞ》えて、やく　四十日。りっぱな　あげはが　たんじょうしました。

（こばやし　いさむ「あげは」〈福音館書店刊〉）

(1)「あげはの　たんじょう」の　ようすを　つぎに　まとめます。〔　〕に　当《あ》てはまる　ことばを　書きましょう。

①〔　　　〕の　せなかが　われて、あげはの〔　　　〕が　からの　外へ　出はじめる。

②〔　　　〕が　ゆっくり　出てきて、すっぽりと　さなぎから　ぬけ出す。

③ちぢんで　いた〔　　　〕も　のびてくる。

(2)あげはが　たんじょうするのは、たまごの　ときから　数えて、何日《なんにち》ですか。

〔　　　　　　　　〕

ステップ2

月 日
答え⬇べっさつ18ページ
時間 30分
合かく 80点
とく点 点
シール

1 つぎの 文章《ぶんしょう》を 読《よ》んで、あとの といに 答《こた》えましょう。

春《はる》に なると、たんぽぽは、黄色《きいろ》い 花を さかせますが、その あと、白い わた毛《げ》が できます。どうしてなのでしょうか。

まずは、たんぽぽの 花が さきます。長《なが》くて、五日間《いつかかん》ぐらいです。

花は さきおわると しぼんで、くきは 地面《じめん》に よこたわるように たおれて しまいます。こうして、たねに たくさんの えいようを おくるのです。

たねが できて、わた毛が のびだして きて ふくらむ ころに なると、くきは ふたたび 立ち上がります。そして、どんどん のびて 高《たか》く なります。これは、風《かぜ》を うけやすくして、わた毛を 遠《とお》くまで とばす ためと 考《かんが》えられて います。

たんぽぽの たねが 同《おな》じ ばしょに おちて しまっては、みんなが うまく そだたなく なります。そこで、たねの ついた わた毛を 風に のせて、遠くまで とばすのです。そして、あちらこちらに ちらばった たねから 新《あたら》しい たんぽぽが そだっていくと いう わけです。

(1) この 文章は、何《なに》に ついて 書《か》いて いますか。〔 〕に 当《あ》てはまる ことばを 書きましょう。(12点／一つ6点)

たんぽぽの 黄色い 〔　　〕が さいた あと、白い 〔　　〕が できるのは どうしてかと いう こと。

(2) この 文章では、わた毛が 遠くまで とんでいくまでを、じゅんじょよく 書いて、その わけも 書いて います。つぎの ことがらに 当てはまる わけを あとから えらびましょう。（48点／一つ16点）

① 花は しぼみ、くきは 地面に よこたわるように して たおれる。〔　〕

② くきは、ふたたび 立ち上がって、高くまで のびて いく。〔　〕

③ たねの ついた わた毛は、風に のって、遠くまで とんで いく。〔　〕

ア 風を うけやすくして、わた毛を 遠くまで とばす ため。

イ たねに たくさんの えいようを おくる ため。

ウ たねが 同じ ばしょに おちて、そだたなく なるのを さける ため。

たいせつ

2 つぎの 絵《え》を 見て、じゅんじょよく お話《はなし》を 作《つく》りましょう。（40点／一つ10点）

〈だい〉「おつかい」

①

②

③

④

月　日

答え⬇べっさつ19ページ

時間 30分　合かく 80点　とく点　点

シール

たいせつ

1 つぎの 文章《ぶんしょう》を 読《よ》んで、あとの といに 答《こた》えましょう。

ぼくは、この まえの 日曜日《にちようび》に、まさと くんと 雪《ゆき》だるまを 作《つく》りました。

はじめに、小さな 雪の 玉を 作って、雪の 上を ころがしました。まさとくんと きょうそうで ころがしました。

ぼくの ほうが 大きかったので、ぼくの 玉の 上に、まさとくんの 作った 玉を のせました。ぼくたちの せいぐらいの ［㋐］が できました。

「目や 口は、何《なに》で 作ろうか。」

と、まさとくんが いいました。ぼくは ［㋑］を さがして、こちこちに なった ㋒食《しょく》パンの みみを 見つけて きました。

(1) この 文章を 書《か》いた 人は、いつ 雪だ るまを 作りましたか。（5点）

［　　　　　　］

(2) だれと 作りましたか。（5点）

［　　　　　　］

(3) どう やって、雪の 玉を 作りましたか。（10点／一つ5点）

はじめに［　　　　］を 作って、それを 雪の 上で［　　　　］。

(4) どんな きょうそうを しましたか。（10点）

［　　　　　　］

(5) ぼくの 玉の 上に、まさとくんの 作った 玉を のせたのは、なぜですか。（5点）

［　　　　　　］

(6) ［㋐］に 当《あ》てはまる ことばを 書きましょう。（5点）

［　　　　　　］

(7) [イ]に 当てはまる ことばを つぎから えらびましょう。（5点） 〔　　〕

ア 台所《だいどころ**》**　イ ものおき

ウ 勉強《べんきょう》べや

(8) ――線《せん》ウは どう いう いみですか。つぎから えらびましょう。（5点） 〔　　〕

ア 食パンの 古《ふる》く なった もの。

イ 食パンで 作った みみの 形《かたち》を した もの。

ウ 食パンの まわりの かたい ところ。

(9) (8)を つかって、何を 作りましたか。（5点）

〔　　　　〕

(10) この 文章の つづきを、絵《え》を 見て 書きましょう。〔　〕には、②のように [　] から ことばを えらんで 入れます。（45点／一つ15点）

そして　それで　けれども　また

① 〔　　〕、

② 〔そして〕、

③ 〔　　〕、

1 つぎの 文章《ぶんしょう》を 読《よ》んで、あとの といに 答《こた》えましょう。

竹とんぼ教室《きょうしつ》に はじめて さんかして、おじさんから 竹とんぼの とばし方《かた》を 教《おし》えて いただきました。

竹とんぼは、むかしから 親《した》しまれて きた 子どもの あそびだそうです。りょう手で 竹とんぼの じくを はさんで、じくを 回《まわ》して とばすのですが、やってみると、かなり むずかしかったです。

おじさんから 教えて もらった、とばし方の コツは、つぎのようでした。

[①]、正しい かまえ方。左の 手で 竹とんぼの 下の はしを もつ。もう 一方《いっぽう》の 右手を そえて、むねの 前《まえ》で かまえる。

[②]、とばし方。りょう手で 竹とんぼの じくを はさみ、ゆびを そろえる。竹とんぼを はさみながら、右手を 少《すこ》し 手前《てまえ》に 引《ひ》く。そして、じくを 強《つよ》く はさみながら、右手は むこうへ、左手は ぎゃくに 手前にと、手を こするように うごかして、手を はなす。

ちゅういする ことは、竹とんぼを 前に なげようと するのでは なく、じくを しっかりと 回す ことだと、教えて もらいました。

はじめは、あまり とびませんでしたが、何回《なんかい》も やる うちに、高《たか》く、遠《とお》くへ とばせるように なって、うれしかったです。

月 日
時間 30分
合かく 80点
とく点 点
答え⬇べっさつ19ページ
シール

(1) この　文章は、何《なに》に　ついて　書《か》いた　ものですか。〔　〕に　当《あ》てはまる　ことばを書きましょう。（15点）

〔　　　　〕を　教えてもらった　こと。

(2) 「竹とんぼ」と　いうのは、どのようなあそびですか。三十字で　書きましょう。（20点）

(3) □①・②に　当てはまる　ことばを　つぎから　えらんで、記号《きごう》で　書きましょう。（20点／一つ10点）

①〔　　〕②〔　　〕

ア たとえば　**イ** だから　**ウ** まず

エ このように　**オ** つぎに

(4) 竹とんぼの　じょうずな　とばし方に　なるように、1〜5の　番号《ばんごう》を　入れましょう。（30点）

・〔　〕りょう手で　竹とんぼの　じくを　はさみ、ゆびを　そろえる。

・〔　〕左の　手で　竹とんぼの　下の　はしを　もつ。

・〔　〕竹とんぼを　はさみながら、右手を　少し　手前に　引く。

・〔　〕もう　一方の　右手を　そえて、むねの　前で　かまえる。

・〔　〕じくを　強く　はさみながら、手を　こするように　うごかし、手を　はなす。

(5) 竹とんぼを　とばす　ときに　ちゅういする　ことは、どんな　ことですか。（15点）

〔　　　　〕

そうふくしゅうテスト①

月　日

答え⬇べっさつ19ページ

時間30分　合かく80点　とく点　点

シール

1 つぎの〔　〕に、反対《はんたい》の いみの 漢字《かんじ》を書《か》きましょう。（14点／一つ1点）

(1) 夏〔　〕　(2) 左〔　〕
(3) 多〔　〕　(4) 遠〔　〕
(5) 夜〔　〕　(6) 売〔　〕
(7) 足〔　〕　(8) 強〔　〕
(9) 前〔　〕　(10) 父〔　〕
(11) 天〔　〕　(12) 春〔　〕
(13) 晴〔　〕　(14) 出〔　〕

たいせつ

2 つぎの ——線《せん》の 漢字の 読《よ》み方《かた》を、〔　〕に ひらがなで 書きましょう。（16点／一つ1点）

(1) 春先〔　〕 早春〔　〕
(2) 午後〔　〕 後足〔　〕
(3) 金づち〔　〕 金曜〔　〕
(4) 夜中〔　〕 十五夜〔　〕
(5) 図画〔　〕 図書〔　〕
(6) 広場〔　〕 場外〔　〕
(7) 大工〔　〕 工作〔　〕
(8) 空色〔　〕 空気〔　〕

3 上と 下を ——線で むすんで、いみがわかるように しましょう。（6点／一つ1点）

(1) いきを ・　　・ 丸《まる》くする
(2) はを ・　　・ かたむける
(3) 首《くび》を ・　　・ くいしばる
(4) 耳を ・　　・ のむ
(5) 目を ・　　・ 組《く》む
(6) 手を ・　　・ 長《なが》くする

4 「もし〜なら、…」を つかって、みじかい 文を 作《つく》りましょう。（6点）

〔　〕

たいせつ

5 つぎの 文章《ぶんしょう》の〔 〕に よく 合《あ》う ことばを えらび、記号《きごう》で 書きましょう。（25点／一つ5点）

(1) うさぎの めんを 作りました。

〔 〕えんぴつで 形《かた》を とりました。

〔 〕はさみで 切《き》りとりました。

〔 〕色《いろ》を ぬりました。

ア つぎに　**イ** おしまいに　**ウ** はじめに

(2) 「〔 〕は、ぼくのだよ。」と 言《い》いながら、弟《おとうと》が 〔 〕本を 高《たか》く 上げました。

ア その　**イ** これ　**ウ** あれ

たいせつ

6 つぎの ――線の 部分《ぶぶん》を、ていねいな 言《い》い方《かた》に 直《なお》しましょう。（15点／一つ5点）

(1) 先生が 言いました。〔 〕

(2) 先生が 来《き》ました。〔 〕

(3) 先生が 教《おし》えて くれました。〔 〕

7 「ぼくは、けがを して ほけんしつへ 行《い》きました。」と いう 文に つづくように、絵《え》を 見て お話《はなし》を 作りましょう。（18点／一つ6点）

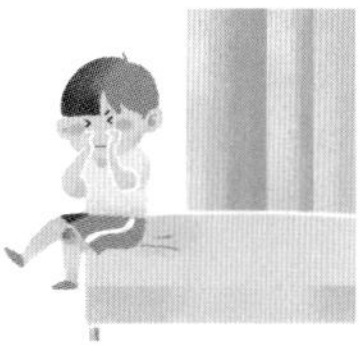

(1)

(2)

(3)

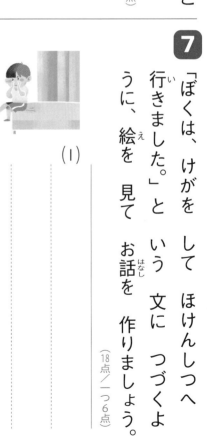

そうふくしゅうテスト②

月　日

答え⬇べっさつ20ページ

時間 30分　合かく 80点

とく点　　点

シール

1 つぎの 文章《ぶんしょう》を 読《よ》んで、あとの といに 答《こた》えましょう。

そして、つぎの 日。

ぼくが 行《い》って みると、㋐かえるは、木の てっぺんに 上って、ぼう遠《えん》きょうを のぞいて いた。

「どう。手紙《てがみ》 来《き》た。」

ぼくは、かえるに 聞《き》いた。

「いや、まだだよ。どうも、ここの うちは、手紙に すかれて いないらしい。」

かえるは、そう 言《い》うと、㋑にもつを まとめて 出て いった。

かえるが いなく なった あとで、ぼくは ゆうびんばこを そうじした。

中から、かえるが ふとんに して いた いちじくの はっぱが 出て きた。

はっぱには、一まい 一まい、「手紙を ください。」と、ていねいに 書《か》いて あった。

㋒その とき、はじめて 気が ついたんだ。かえるは、ぼくに あてて、手紙を 書いて いたんだよ。

［㋓］は ないけど、手紙は、ぼくの ゆうびんばこに あったんだもの。

ぼくは、大いそぎで かえるに 手紙を 書いた。かえるの 名前《なまえ》も 書いて、ゆうびんばこに 入れて おいた。

［㋔］、あれっきり かえるは 帰《かえ》って こないんだ。

だれか、あの かえるの じゅうしょを 知《し》って いたら、㋕ぼくに 手紙を ください。

おねがい。（やました　はるお「手紙を　ください」）

(1) ——線《せん》㋐に　ついて、この　とき　かえるは　どんな　気もちでしたか。つぎから　えらびましょう。（10点）　［　］

ア 自分《じぶん》あての　手紙が　来《く》るのが　まちどおしい。

イ きけんな　ものが　近《ちか》づいて　こないか　心配《しんぱい》だ。

ウ 「ぼく」が　会《あ》いに　きて　くれるのが　まちどおしい。

エ たびに　出る　方向《ほうこう》の　天気が　どうなのか　心配だ。

(2) ——線㋑に　ついて、かえるは　どこから　出て　いきましたか。（20点／一つ10点）

［　］の　うちの

［　］から。

(3) ——線㋒に　ついて　答えましょう。（40点／一つ20点）

① 「その　とき」とは、だれが　何《なに》を　見つけた　ときですか。

［　］

② どんな　ことに　気が　つきましたか。

［　］

(4) ㋓に　当《あ》てはまる　ことばを　つぎから　えらびましょう。（10点）　［　］

ア 切手《きって》　イ あて名　ウ 日づけ

(5) ㋔に　当てはまる　ことばを　つぎから　えらびましょう。（10点）　［　］

ア すると　イ ただし

ウ だけど　エ また

(6) ——線㋕に　ついて、これは　何が　書いて　ある　手紙ですか。（10点）

［　］

そうふくしゅうテスト③

月　日
答え↓べっさつ20ページ
時間40分　合かく80点
とく点　点
シール

1 つぎの 文章《ぶんしょう》を 読《よ》んで、あとの といに 答《こた》えましょう。

もし ゾウの はなが ㋐長《なが》く なかったら、どんな ことが おこるでしょうか。ゾウは、地《じ》めんに はえて いる 草を 食《た》べる ときに、大きな 体《からだ》を よっこらしょと うごかして、ひざを つかなければ なりませんね。そんな ところを ライオンや ハイエナに おそわれたら、たたかえないし、にげだしにくいでしょう。

［①］、ゾウは 立った まま、えさを 長い はなで まきとったり、はなの 先《さき》で じょうずに つかんだり して、口に はこんで 食べます。水を のむ ときは、はなを ストローのように つかって 水を すいこみ、②それを 口に 入れて のみます。

長い はなは、ほかに 木の ㋑高《たか》い ところに ある 葉《は》を むしって 食べる ことが できます。

はなを 高く かかげれば、風《かぜ》が はこんでくる ㋒遠《とお》くに いる てきの においを かぐ ことも できます。

［③］、④ゾウの 長い はなは、ゾウが 生きて いく ために、とても たくさんの やくに 立って いるのです。

（ひさみち けんぞう「かがくなぜどうして 二年生」）

(1) ――線《せん》㋐～㋒の ことばの 反対《はんたい》の いみの ことばを 書《か》きましょう。（6点／一つ2点）

㋐ 長い→［　　］
㋑ 高い→［　　］
㋒ 遠い→［　　］

(2) この 文章を 書いた 人が、読み手に といかけて いる 文を 見つけて、その はじめの 五字を 書きましょう。(6点)

(3) □①・③に 当《あ》てはまる ことばを つぎから えらんで、記号《きごう》で 書きましょう。(10点／一つ5点)

①〔　　〕 ③〔　　〕

ア しかし　**イ** また　**ウ** ですから
エ では　**オ** このように

(4) ――線②「それ」とは、何《なに》を さして いますか。(6点)

〔　　　　〕

たいせつ

(5) ――線④に ついて、「ゾウの はな」が やくに 立って いる れいと して、本文の ないようと 合《あ》う ものには ○を、合って いない ものには ×を つけましょう。(15点／一つ3点)

ア〔　〕ライオンや ハイエナなどの てきを 長い はなを つかって、おいはらう ことが できる。

イ〔　〕立った まま、えさを 長い はなで つかんで 食べたり、水を のんだり できる。

ウ〔　〕長い はなを ストローのように つかって、てきに 水を かける ことが できる。

エ〔　〕木の 高い ところに ある 葉を、長い はなで むしって 食べる ことが できる。

オ〔　〕長い はなを かかげて、風が はこんでくる 遠くに いる てきの においを かぐ ことが できる。

2 かなづかいの 正しい ほうを 大きく ◯で かこみましょう。（27点／一つ3点）

(1) わたし{わ／は}{じしゃく／ぢしゃく}で くぎ{を／お}{くっつけ／くつつけ}て あそんだ。

(2) {でんしや／でんしゃ}の{レエル／レール}が どこまでも{つづく／つずく}。

(3) {のおと／ノート}に{えんぴつ／エンピツ}で 書く。

3 つぎの ――線を 漢字と おくりがなで 書きましょう。（12点／一つ4点）

(1) 妹《いもうと》に ひらがなを おしえる。〔　　〕

(2) 友《とも》だちと 気もちが つうじる。〔　　〕

(3) 兄《あに》と おやつを わける。〔　　〕

4 つぎの 文章に 「。」を 三つ、「 」を 三つ つけましょう。（18点／一つ3点）

そこで こうもりの 言《い》うには、わたしの 声《こえ》を 聞《き》いて くだされば わかります わたしは おまえさんの 鳴《な》くように 鳴いて みせます。それが、何よりの しょうこです。

そんなら 鳴いて みせて ください と ねずみが 言う ものですから、こうもりは ちょうど ねずみのような 声を 出して、

チ、チ、チ、チ、チ。

と 鳴いて みせました

（しまざき とうそん「こうもりの 話」）

答え

小2 標準問題集 国語

おうちの方へ

この解答編では、おうちの方向けに「アドバイス」「ここに注意」として、学習のポイントや注意点などを載せています。答え合わせのほかに、問題に取り組むお子さまへの説明やアドバイスの参考としてお使いください。本書を活用していただくことでお子さまの学習意欲を高め、より理解が深まることを願っています。

1年のふくしゅう① 2～3ページ

1 (1)村・林 (2)入・人 (3)貝・見 (4)石・右 (5)大・犬 (6)字・学

2 (1)で・だ (2)もく・き (3)した・お (4)げつ・つき (5)ちゅう・むし

3 (1)イ (2)イ (3)ア (4)イ (5)ア (6)イ (7)イ

4 (1)白・糸 (2)口・手 (3)夕・空

5 (1)てんき・あめ (2)たけ・う (3)いぬ・みみ (4)はなび・まる

アドバイス

1 形のよく似た漢字を集めています。線や点一つで違う漢字になることに注意しましょう。

2 一つの漢字をさまざまに読み分けます。一つ一つ丁寧に覚えましょう。送りがながある場合は、送りがなも手がかりになります。(3)の「下りる」の読み方に注意します。

3 漢字の筆順には、上から下へ、左から右へ、横線から縦線へ、などの原則があります。(4)は中央を先に書く原則に、(6)は縦に貫く線を最後に書く原則に従っています。

1年のふくしゅう② 4～5ページ

1 (1)ア (2)イ (3)イ (4)ア (5)イ (6)イ

2 (1)かん、かん、かん→カン、カン、カン (2)らんぷ→ランプ (3)ばす→バス・とらっく→トラック (4)こつこつ→コツコツ・かたかた→カタカタ

3 (1)エ (2)オ (3)ア (4)イ (5)ウ

4 (1)イ (2)ウ (3)エ (4)オ (5)ア

アドバイス

1 間違えやすいかなづかいの問題です。(2)(3)(5)のような、のばす音の書き方に注意しましょう。

3 つなぎことば(接続語)の問題では、前後の文や言葉のつながり方を見極めることが大切です。

1年のふくしゅう③ 6～7ページ

1 (1)土や すなを すくう どうぐ。 (2)シャベル→スコップ→パワーショベル (3)イ (4)(答えの れい)もっと 早く もっと 強く もっと もっと たくさんの しごとを やって しまう。

2 (1)二学期 (2)ミドリ (3)ウ (4)「ぼくの ほうだって、がっかりさ。」

アドバイス

1 (2)初めの三つのまとまりに、それぞれ「シャベル」「スコップ」「パワーショベル」について書かれています。(3)□の前とあとでは、反対の事柄が述べられていることに気づきましょう。(4)最後のまとまりに注目します。

2 (3)「むっと する」は、急に怒りたくなる様子を表します。タカシは、「がっかりだ

ひっぱると、はずして使えます。

わ…。」というミドリの言葉に、心の中で腹を立てているのです。⑷「そう　いいそうに」の「そう」は、こそあどことば（指示語）です。前の文や言葉に注意しましょう。

1 漢字を　読む

ステップ1

8〜9ページ

1 ⑴あさ　⑵いえ・かえ　⑶こくご・さんすう　⑷きしゃ　⑸ことり・な　⑹ひろ・うみ・さかな（うお）

2 ⑴**ア**（たにま）　⑵**イ**（ごご）　⑶**ア**（きゅうじつ）　⑷**ア**（にんずう）

3 ⑴しん・あたら・あら　⑵つう・かよ・とお　⑶き・しる　⑷じょう・ば　⑸こう・く

4 ⑴貝（かい）・牛（うし）　⑵母（はは）・弟（おとうと）・妹（いもうと）　⑶店（みせ）・寺（てら）　⑷首（くび）・頭（あたま）

アドバイス

2 形のよく似た漢字です。特に⑵の「牛」と「午」、⑶の「休」と「体」は間違えやすいので注意が必要です。

3 漢字の読み方には、音読みと訓読みがあります。例えば、⑴では「しん」が音読みで、「あたら（しい）」「あら（た）」が訓読みです。⑵〜⑷でも、それぞれ1行目が音読み、2行目以降が訓読みです。ただし、⑸は「こう」「く」とも音読みです。文をきちんと読んで判断する習慣をつけましょう。

4 漢字の仲間分けです。それぞれの漢字の訓読みから、意味を考えます。

ここに注意　音読みと訓読み

音読み―中国の読み方をまねたもので、それだけでは意味のわかりにくい読み方。（山―サン）

訓読み―日本の言葉に当てはめた読み方で、それだけでも意味のわかる読み方。（山―やま）

ステップ2

10〜11ページ

1 ⑴かい・まい　⑵きょう・すう　⑶かん・ぶん　⑷こん・かい　⑸と・こく　⑹ない・にく

2 ⑴うし　⑵ゆき　⑶ひる　⑷まじ　⑸ふる　⑹あいだ　⑺かお　⑻たの　⑼まわ　⑽た　⑾はか　⑿もち

3 ⑴きいろ　⑵ひろば　⑶ちょうしょく　⑷えほん　⑸おんがく　⑹しんせつ　⑺ちず　⑻ひとり　⑼こむぎ　⑽まいしゅう　⑾ちゅうし　⑿けいかく　⒀ふつか　⒁こうつう　⒂とうばん　⒃にんぎょう

4 **（じゅんに）** ⑴○×○　⑵×○○　⑶○○×　⑷○×○　⑸○×○　⑹×○○　⑺○×○　⑻○×○　⑼○×○　⑽○○×

アドバイス

1 形のよく似た漢字を区別して、正しく読めるようにします。特に⑵の「教」と「数」、⑶の「間」と「聞」に注意しましょう。

2 すべて訓読みで答えます。送りがなのついているものは、それに気をつけて読みましょう。

3 熟語の読みに慣れます。⑺「ちず」のかなづかいと、⑻「ひとり」・⒀「ふつか」の特別な読みに注意しましょう。

4 形のよく似た漢字の読み方が交ざっているので、間違えないように注意しましょう。

2 漢字を　書く

ステップ1

12〜13ページ

1 ⑴弟・分　⑵声・歌　⑶親子・公園　⑷池・元気　⑸岩・道　⑹細・引　⑺体（温）計　⑻遠足・歩　⑼晴・星

2 ⑴5　⑵4　⑶3　⑷3　⑸1　⑹1　⑺4　⑻5　⑼4　⑽2　⑾5　⑿2

3 ⑴ア　⑵ア　⑶イ　⑷イ　⑸ア　⑹ア

(7)イ

4 (1)木 (2)糸 (3)亻 (4)宀 (5)雨 (6)日 (7)口 (8)囗 (9)辶 (10)一 (11)氵 (12)艹 (13)子

アドバイス

2 漢字の形を整えて書きやすく、早く書ける順序を「筆順」といいます。筆順の主なきまりを、正しく覚えましょう。

3 (3)の二画目と(4)の一画目は縦です。(6)は、外側を先に書く原則に従っています。

4 漢字の共通する部分(部首)は、漢字を覚えるときに大切な手がかりとなります。

ここに注意 **筆順の主なきまり**

①上から下へ…二・手など
②左から右へ…川・作(へん→つくり)など
③横から縦へ…王・春など
④縦から横へ…田・長など
⑤中央から左右へ…水・小など
⑥外から内へ…図・同など

ステップ2

14～15ページ

1 (1)少→小 (2)地→池 (3)買→売 (4)学→楽 (5)大→多

2 (1)走 (2)思 (3)広 (4)回 (5)同 (6)合 (7)帰 (8)当 (9)線 (10)細 (11)弱 (12)考

3 (1)顔色 (2)土地 (3)親牛 (4)名前

(5)花園 (6)時計 (7)当番 (8)今夜 (9)会社 (10)野山 (11)生活 (12)会話 (13)学年 (14)弓矢 (15)半分

4 (1)心 (2)後 (3)草 (4)頭 (5)首 (6)道

5 (1)11 (2)5 (3)6 (4)13 (5)12 (6)7

アドバイス

1 (1)と(2)は形が似ているために間違えやすい漢字です。(3)と(4)は、同じ読みがあるために間違えやすい漢字です。(3)「ばいてん」は、品物を売る店なので「売」が正解です。

2 (6)と(8)では、同じ「あ」の読みがながついていますが、漢字は異なります。文の意味から漢字を考えてみましょう。

3 熟語を漢字で書く問題です。意味をよく考えて書くようにしましょう。

4 まず訓読みで漢字を考え、それが音読みに当てはまるかどうか確認しましょう。

5 画数と筆順はいっしょに覚えましょう。(1)の「糸」は6画、(4)の「辶」は3画で書きます。

1～2 ステップ3

16～17ページ

1 (1)顔 (2)帰 (3)楽 (4)算 (5)黄 (6)遠 (7)親

2 (1)読 (2)話 (3)来(帰) (4)白 (5)少 (6)後 (7)右 (8)小

3 (1)かど・あたま (2)あね・いもうと (3)まる・にく (4)ことり・はね

4 岩・読・絵・答・晴・姉・思・理・鳴

5 (答えの れい) (1)時・晴・曜・明 (2)話・語・読・記・計 (3)海・池・汽・活 (4)草・茶・花 (5)雲・雪・電 (6)遠・近・道・通・週
のうちから それぞれ 三つ。

6 (答えの れい) (1)下・火・花・歌・科・夏・家 (2)気・汽・記・帰 (3)子・四・市・糸・止・思・紙 (4)生・正・西・声・青・星・晴 (5)町・長・鳥・朝 (6)刀・冬・当・答・頭・東
のうちから それぞれ 三つ。

アドバイス

1 漢字の足し算です。部首に注目しながら漢字の構成を考えます。(5)は「黄」が部首なので、見覚えのある部分を手がかりにします。

2 言葉の意味を考えて書きましょう。(5)は「多少」、(6)は「前後」、(7)は「左右」、(8)は「大小」として、二字熟語としても覚えます。

3 (1)の「角」は「つの」「かど」「かく」などの読み方がありますが、文脈から最も適当なものはどれか考えます。

4 まず、一つをとりあげて、ほかの漢字のどの部分に組み合わせるか考えます。一つ一つ、確実に解いていきましょう。

5 同じ部分（部首）をもつ漢字には、「木」なら「木」に関係があるなど、共通する意味があることを意識しましょう。

3 かたかな

ステップ1 18〜19ページ

1 (上の　だんの　右から　左へ) ウ(う)・キ(き)・ソ(そ)・エ(え)・ヌ(ぬ)・ヲ(を)・ネ(ね)・キョ(きょ)・シュ(しゅ)・ニャ(にゃ)・リュ(りゅ)・ギャ(ぎゃ)・ジョ(じょ)・ピャ(ぴゃ)・ゆ(ユ)・も(モ)・わ(ワ)・ま(マ)・て(テ)・よ(ヨ)・る(ル)・きゃ(キャ)・ちゅ(チュ)・にょ(ニョ)・ひょ(ヒョ)・ぎゅ(ギュ)・じゃ(ジャ)・ぴょ(ピョ)

2 (1)チャプチャプ　(2)フランス　(3)シュークリーム

3 (1)コーヒー　(2)カメラ　(3)シーソー　(4)タクシー　(5)クラス

4 (1)①チョコレート　②ベンチ　③ドイツ　④ブラジル　⑤モスクワ　⑥カイロ　⑦ノーベル　⑧ピカソ　⑨ゴロゴロ　⑩ピチャピチャ　⑪ワンワン　⑫チュンチュン

(2)①イ　②ア　③イ　④ア　⑤ア　⑥イ

アドバイス

1 「う」と「ウ」、「き」と「キ」、「も」と「モ」などのように、ひらがなとかたかなでよく似た形のものに注意しましょう。

2 小さく書く「ャ」と「ュ」や、のばす音の書き方に気をつけましょう。

3 「コ」と「ユ」、「ナ」と「メ」、「ソ」と「ン」、「ス」と「ヌ」を、それぞれきちんと書き分けられるようにします。

4 (1)①や⑦ののばす音は、「チョコレート」「ノーベル」のように、「ー」で表します。

ここに注意 かたかなで書き表す言葉

①外国から入ってきた物の名前
…バナナ・トランプなど

②外国の国名・地名や人の名前
…インド・エジソンなど

③物音や動物の鳴き声
…ザブン・コケコッコーなど

ステップ2 20〜21ページ

1 (1)ベッド　(2)ダム　(3)ダイヤル　(4)チューリップ　(5)セロハンテープ　(6)ノート　(7)ヘリコプター　(8)チャイム　(9)ストーブ　(10)プラスチック

2 (じゅんに)ス(す)・ツ(つ)・フ(ふ)・ミ(み)・タ(た)・チ(ち)・ラ(ら)・サ(さ)

3 (1)ペンギン・チンパンジー　(2)ミルク・バター　(3)トラック・バイク　(4)ドスン・パチパチ　(5)カーカー(カアカア)・ピヨピヨ　(6)ドイツ・エジプト　(7)リンカーン・ジャック　(8)テニス・ゴルフ　(9)ミシン・テレビ

4 (じゅんに)おさら・を・○・と・○・に・ぶつけた・すると・が・まっぷたつ・に・われて・○・が・あたり・に・ちらばった

5 (1)どぼん→ドボン　(2)りいんりいん→リーンリーン　(3)すとろお→ストロー・じゅうす→ジュース　(4)らじお→ラジオ・ゴハン→ごはん　(5)れんず→レンズ　(6)でぱあと→デパート・ばす→バス　(7)イス→いす・えじそん→エジソン

アドバイス

1 (1)(4)(8)(10)の小さく書く字や、(4)(5)(6)(7)(9)の

のばす音に注意しましょう。

2 「ツ」は「シ」と書き間違いをしやすいので注意します。

4 「ガチャン」は物音を表すので、かたかなで書きます。

5 (4)の「ゴハン」、(7)の「イス」は、外国から入ってきた言葉ではないので、ひらがなで書きます。

4 かなづかい

ステップ1 22～23ページ

1 (1)を (2)へ (3)は (4)を (5)へ (6)は

2 (1)せんせい (2)いもうと (3)おおきい (4)おとうさん (5)かんがえる (6)みかづき (7)とおまわり (8)かすりきず (9)もみじがり (10)こうじょう

3 (じゅんに)(1)は・お・を (2)お・は・を (3)は・を・は・を (4)は・え (5)お・へ (6)を・わ

4 (1)ア・ア (2)イ (3)ア (4)ア (5)イ (6)ア

アドバイス

1 「お」と「を」、「え」と「へ」、「わ」と「は」の使い分けに注意します。

2 長くのばす音の書き方に注意しましょう。オ列の音をのばすときは、ふつう(2)「いもうと」、(4)「おとうさん」、(10)「こうじょう」のように、「う」をそえます。ただし、(3)「おおきい」、(7)「とおまわり」のように「お」をそえるときもあります。

3 言葉と言葉をつなぐときは、「は」「を」「へ」を使います。

4 「きゃ」「きゅ」「きょ」など、小さく「や」「ゆ」「よ」と書く場合や、つまる音(っ)の書き方に注意しましょう。かたかなの場合も同じです。

ステップ2 24～25ページ

1 (1)なわとび・を・いっぱい (2)きのう・ねえさん・おじさん・へ (3)づつみ・一つずつ (4)どうぶつえん・づれ・つづいて (5)ろうか・しずかに (6)けずって・ひこうき (7)たとえ・ちょきん (8)おこなわれる (9)めずらしい

2 (1)イ (2)ア (3)ア (4)イ (5)イ (6)ア (7)ア (8)イ (9)イ (10)ア (11)イ (12)ア (13)イ (14)ア (15)イ (16)ア (17)イ (18)イ

3 (1)はなぢ (2)ゆのみぢゃわん (3)おちゃづけ (4)わるぢえ

4 (1)ず (2)づ (3)ぢ

アドバイス

1 (4)「つづいて」のように同じ音が続いている言葉は、「つずいて」ではなく「つづいて」と書きます。ほかに同じ音が続く言葉として、「ちぢむ」「つくづく」などがあります。

2 (1)(13)(14)は、「う」ではなく「お」を使うので気をつけましょう。

3 二つの言葉が組み合わさると、「はなぢ」のように、下の音がにごる場合が多いことに注意しましょう。

ここに注意 二つの言葉が合わさってできている言葉の場合、「はなぢ」「かたづく」のように、「ぢ」「づ」と書きます。「おちゃづけ」も、「ず」ではなく「づ」と書きます。ほかに、「近々(ちかぢか)」「小づつみ」などがあります。

5 おくりがな

ステップ1 26～27ページ

1 (1)ア (2)イ (3)イ (4)ア (5)イ (6)ア (7)イ (8)イ (9)イ (10)ア (11)ア (12)イ (13)ア (14)イ

2 (1)明るい (2)売れる (3)歩く (4)下げる (5)弱い (6)回る (7)行う (8)上る

3 (1)食べる (2)学ぶ (3)生まれる

(4)来ない (5)下ろす (6)多い
(7)入れる (8)作る (9)親しい

アドバイス

1 (2)の「明ける」を変化しない「け」から送るのは、「明るい」と区別するためと考えればよいでしょう。(8)や(12)のように「しい」「い」のつく言葉は、この部分を送ります。

2 言葉の終わりで、変化する部分から送るのが普通です。(2)を「売る」と書くと「うる」、(4)を「下る」と書くと「くだる」と読みます。

3 (5)の「下」では「下る」「下りる」「下ろす」を、それぞれ「くだる」「おりる」「おろす」と読み、送りがなのつけ方で読みが変わってきます。注意しましょう。

ここに注意 活用語の送りがな
「かく」という言葉は、次のように終わりの部分が変わります。「かかない」「かきます」「かく」「かくとき」「かけば」「かけ」。
変化する、「かない」「きます」などの部分を送ります。

ステップ2 28〜29ページ

1 (1)わせる (2)い (3)がる (4)う
(5)れる (6)らす (7)れる (8)しい
(9)い (10)める (11)らせる (12)い (13)る
(14)しい (15)わる (16)ない (17)づく

2 (1)ア (2)イ (3)ア (4)ア (5)イ

3 (1)近い (2)用いる (3)半ば (4)数える
(5)長い (6)下る (7)通る (8)強い
(9)当たる(当てる) (10)青い (11)明らか

4 (1)通う (2)通じる (3)細かい (4)細い
(5)交わる (6)交ぜる (7)下げる
(8)下ろす

アドバイス

2 (3)の「家を空ける」は「留守にする」という意味です。「空ける」には、ほかに「席を空ける」という使い方もあります。

3 (9)を「当る」と書くと、「あたる」と「あてる」の区別がつかなくなります。

4 複数の訓読みのある漢字です。読み方によって送りがなも異なることに注意しましょう。

3〜5 ステップ3 30〜31ページ

1 (1)ア (2)イ (3)イ (4)イ (5)イ (6)ア
(7)ア (8)ア (9)ア (10)イ (11)イ (12)イ
(13)ア (14)ア

2 (1)ア (2)イ (3)イ (4)イ (5)イ (6)ア
(7)イ (8)ア (9)ア (10)イ

3 (じゅんに)(1)わ・わ・わ
(2)え・へ・え (3)お・お・を・を
(4)は・を・へ

4 (じゅんに)(1)アメリカ・○・○・ちかぢか・帰る
(2)小さい・ライオン・○・ガオー・びっくりした・は・○・ガチャン

アドバイス

1 (7)は、(4)のように「ちぢ」と同じ音が続きますが「いちじく」と書きます。(14)は、「ことば＋つかう」と考えます。

2 (9)の「足りる」は、「足る」だと「たる」と読むことになります。また、(10)の「見せる」は、「見る」だと「みる」と読みます。

3 「わ」と「は」、「お」と「を」、「え」と「へ」の使い分けが、確実にできるようにしましょう。

4 かたかなで書き表す言葉、「ちかぢか」などのかなづかい、「帰る」などの送りがなのつけ方など、「かな」に関するまとめの問題です。いろいろな角度から考えられるようにします。

6 ことばの いみと はたらき

ステップ1 32〜33ページ

1 (答えの れい)(1)もぐもぐ (2)せっせと (3)むちゅうで (4)はげしく

2 (1)ウ (2)イ (3)ウ (4)イ (5)ウ

③ ⑴ウ ⑵イ

④ ⑴おもて ⑵下る ⑶細い ⑷せまい ⑸おす ⑹下りる ⑺さむい

アドバイス

① ようすを表す言葉は、ほかにも「ぱくぱく」「一生けんめいに」「しずかに」「ザーザー」など、たくさんあります。意味が通っていれば正解とします。

② 日ごろから、目にふれる言葉の正しい意味をつかむように意識しましょう。

③ ⑴の「うつる」は「ものの影や光などが、ほかのものの表面に現れる」という意味で、⑵の「ふく」は、「ぬぐう」という意味です。

④ ⑵川は、「のぼる」「くだる」と表します。「下る」と⑹の「下りる」は、言い表し方がよく似ているので気をつけましょう。

ステップ2 34〜35ページ

① ⑴いわい ⑵けわしい ⑶よむ ⑷もり ⑸かう ⑹くつ ⑺まる ⑻ガチャン

② ⑴古い ⑵しんぱい(ふあん) ⑶おとす(すてる) ⑷すわる

③ ⑴ウ ⑵イ ⑶ア

④ ⑴切られる ⑵みがかれる ⑶かられる

⑤ (答えのれい)⑴円い(白い) ⑵はまべ・貝がら

⑥ (答えのれい)⑴ぼくが くしゃみを したら、つみあげた つみ木が たちまち くずれました。
⑵わたしは、だれも いなく なった 教室を こわごわ のぞきました。
⑶ぼくは テレビを 見たり、そうじを したり して 一日を すごしました。

アドバイス

① ⑴には、ようすを表す言葉に交じって物の名前が、⑵には、動作を表す言葉に交じって、ようすを表す言葉が入っています。⑷には、つなぎことばに交じって、物の名前が、⑸には、こそあどことばに交じって動作を表す言葉が入っています。

② 反対の意味の言葉と組にして覚えましょう。

③ 文や文章の中で、どのように使われているか思い出しましょう。

④ 「〜を…する」を「〜が…される」に書きかえる問題です。動作を表す言葉を「…れる(られる)」の形にします。

⑥ ⑴の「たちまち」は「すぐに」、⑵の「こわごわ」は「おそるおそる」という意味です。⑶は、「本を 読んだり」など、「〜だり」の形でも構いません。

7 つなぎことば

ステップ1 36〜37ページ

① ⑴イ ⑵イ ⑶ア

② ⑴すると ⑵そのうえ ⑶ところが ⑷では

③ ⑴ので ⑵ながら ⑶ても

④ (じゅんに)ア・イ・イ・ア

アドバイス

① ⑵は努力に反する結果になっているので逆接、⑶は「あつい国」の例を示しているので例示のつなぎことばを選びます。

② ⑵は付け加える働きをするつなぎことばを選びます。⑷は話題を変える働きをするつなぎことばを選びます。

③ 文の途中につなぎことばが入る場合も、文と文をつなぐときと同様に、前後の関係を考えることが大切です。

ここに注意 言葉と言葉、文と文とがどのようにつながっているのかを知ることは、文章を読み書きするうえで大切なことです。

ステップ2 38〜39ページ

① ⑴ウ ⑵ウ ⑶ア ⑷ア ⑸イ

② ⑴イ ⑵ウ ⑶イ ⑷ア ⑸ウ

③ (答えのれい)⑴小さな 女の子が いちごを つんで いました。すると、

後ろから　だれかが　やってきました。
(2)夏休みには、海へ　行けます。また、山にも　のぼれます。
(3)しぶがきの　みは、そのままでは食べられません。それで、ほしがきにします。

4 (答えの　れい)(1)雪が　つもったので、雪だるまを　作りました。
(2)プールに　行くと、すすむくんはもう　およいで　いました。
(3)おなかが　いっぱいだけど(ですが)、デザートは　食べられます。

アドバイス

1 前後のつながり方に注意します。(2)「〜たり、…たり」という言い方です。

2 (1)(2)は、前の事柄が原因や理由になっています。(3)はどちらかを選ぶときに、(4)は前とは反対の内容が続くときに、(5)は付け加えるときに使います。

3 文を二つに分けるときは、文と文を正しくつなぐ言葉を探すことが大切です。(3)は「だから」を使っても正解です。

4 二つの文を一つにするときは、「と」「から」「ので」「ても」「のに」「けれど」「が」「ながら」「し」などの言葉を正しく使うことが大切です。

8 こそあどことば

ステップ1　40〜41ページ

1 (じゅんに)(1)イ・ア　(2)ウ・イ・ア

2 (1)この　(2)その　(3)あの　(4)どの

3 (1)ここ・こちら・この
(2)そこ・それ・その
(3)あそこ・あれ・あちら
(4)どちら・どの・どれ

4 (1)それ・あれ・どれ
(2)ここ・そこ・あそこ
(3)こちら・そちら・どちら／こっち・あっち・どっち

アドバイス

1 (2)「それ」は物の名前の、「そこ」は場所の代わりに使われます。「この」は「この花」のように、物の名前の前につけて使います。

2 指し示す物が、どれくらい離れたところにあるか考えましょう。(1)「この」は話し手に近い場合、(2)「その」は聞き手に近い場合、(3)「あの」は話し手からも聞き手からも遠い場合に使います。(4)の「どの」は、指す物がはっきりしないときや、たずねるときに使います。

3 ふだん何げなく使っている「こ・そ・あ・ど」ことばを、指し示す物との距離を基準に分類します。

4 どんな事柄の代わりに使われるのか、しっかり覚えましょう。答えの順番は違ってもよいです。

ステップ2　42〜43ページ

1 (1)(にわの)　うめの　木
(2)作り方を　書いた　メモ
(3)駅前に　立って　いる　男の　人
(4)ねこは　魚が　すきだと　いう　こと

2 ①イ　②ア　③ア　④ウ　⑤イ

3 ①チューリップが　さいて　いる　かだん
②(かだんに)　とんで　きた　二ひき　の　ちょうちょたち
③チューリップ
④「この　花の　みつは　おいしい　ね。」

アドバイス

1 指し示す事柄は、指示語より前にあることが多いので、よく注意して読みます。まず短い言葉で探し、必要があれば、文中の言葉を使って説明を付け加えます。(4)は文中の言葉だけでは——線部に当てはめたときにうまくつながらないので、終わりに「いう　こと」と補います。

2 選択肢の内容を――線部に当てはめてみて、意味が通じれば正しい答えです。

3 文章をよく読んで、それぞれの指示語が何を指しているのか考えることが大切です。

9 ことばづかい

ステップ1　44～45ページ

1 (1)星は、一つも　見えません。 (2)あれは、おもちゃ工場です。 (3)体温計で　計ります。 (4)まっすぐに　線を　引きなさい。

2 (○を　つける　もの)(5)・(6)・(9)
(△を　つける　もの)(2)・(4)・(8)

3 (1)くれた (2)言った (3)した (4)行く (5)もらった

4 (○を　つける　もの)おべんとう・おきゃくさま・おせんたく・おちゃ

5 (1)イ (2)イ (3)ア (4)イ (5)ア

アドバイス

1 丁寧な言い方ですので、文末を「～です。」「～ます。」とします。命令する文は「～しなさい。」という言い方になります。

2 「～か。」「～したの。」という言い方はたずねるときに使い、「～しなさい。」という言い方は人に命令するときに使います。

3 (1)から(4)は相手を高めることで、(5)は自分がへりくだることで、相手を敬う気持ちを表しています。

4 言葉の上に「お」をつけると、丁寧な言い方になります。つまり、「お＋べんとう」のような言い方です。「おんどり」「おとうと」「おどり」「おうじょ」は、それだけで一つの言葉になっており、言葉の上に「お」をつけたものではないので、丁寧な言い方ではありません。

5 (3)のように自分の家族のことを人に言うときは、敬った言い方にはしません。

ここに注意　丁寧な言葉は、目上の人など、相手を敬う場合に使います。また、文の終わり方にも、「～です」や「～ます」のような丁寧な言い方(敬体)、「～だ」や「～である」のような普通の言い方(常体)があります。そのときどきにうまく使えるようにしましょう。

ステップ2　46～47ページ

1 (1)ア (2)ア (3)イ (4)ア (5)イ

2 (1)ごちそうさまでした。 (2)行って　まいります。(行って　きます。) (3)ごめんください。(こんにちは。) (4)おやすみなさい。 (5)いらっしゃいませ。 (6)おはようございます。

3 (1)いらっしゃいます(おいでに　なります・おられます) (2)お茶を (3)くださいました (4)いただきました(ちょうだいしました) (5)なさいました(されました) (6)いらっしゃいました(おいでに　なりました・行かれました)

4 (1)来られました(いらっしゃいました・おいでに　なりました)・ください・おっしゃいました(言われました) (2)元気か・いないね・夏休みだ・こないか・くれ

アドバイス

1 (3)の「いらっしゃる」は、「行く」「来る」「いる」の敬った言い方です。(4)と(5)は、家族がしたこと、言ったことなので、敬った言い方をしません。

2 わたしたちの毎日の生活と関係の深い言葉を集めました。生活の中できちんと使うようにしましょう。

3 (1)の「いる」と(6)の「行く」は、どちらも「いらっしゃる」「おいでになる」で相手を敬った言い方になります。(3)は「くれる」→「くださる」、(4)は「もらう」→「いただく」「ちょうだいする」となります。

6～9 ステップ3 ❶ 48～49ページ

1 (じゅんに)(1)イ・ア・ウ (2)ウ・エ
(3)エ・ア・ウ・イ

2 (1)下 (2)右 (3)小 (4)西 (5)弱い
(6)多い (7)高い (8)前

3 (1)おじさんの 手の 中に ある (二つの) オルゴール
(2)おかの 上に 立って いる 大きな 木の 下

4 (1)この アイスクリームを 食べて ください(めしあがって ください)。
(2)先に 行って ください(いらして ください)。
(3)先生は それを 知って いるのですか(知って いらっしゃいますか・ごぞんじですか)。
(4)本を 見せて ください。
(5)お母さんは、いますか(いらっしゃいますか・おいでに なりますか)。

5 (1)さようなら。 (2)こんにちは。
(3)ありがとう。 (4)はじめまして。

アドバイス

1 文章の流れを考えて、当てはまる言葉を選びましょう。

2 意味が反対の言葉は、「上下」「左右」のように、組み合わせると熟語になるものが多いので、熟語としても覚えましょう。

3 「オルゴール」「大きな 木の 下」のように、短い言葉で答えを探すことから始めます。

4 「～です」「～ます」「～(で)ございます」「～してください」などの言い方をすると、相手の人を敬う気持ちがこもります。

6～9 ステップ3 ❷ 50～51ページ

1 (1)イ (2)ア (3)ウ (4)ウ

2 (1)みじかい (2)きる (3)はく
(4)かぶる (5)のびる

3 (1)たたかれる (2)ひらかれる
(3)かつがれる (4)つかまえられる
(5)よばれる

4 (1)ア (2)ウ (3)イ

アドバイス

1 (1)の「ばかり」は、「およそ」「約」と表すこともできます。(2)の「気にかかる」は、「気になる」「心配だ」という意味です。(3)の「すずなり」は、くだものなどが木のえだにびっしりついているようすを表します。(4)の「おくびょう」は、反対語の「ゆうかん」とあわせて覚えましょう。

2 「ぬぐ」の反対語が一つではないことに注意しましょう。(2)の上着やセーターなどは「着る」、(3)のくつやくつ下、ズボンなどは「はく」、(4)のぼうしなど、頭につけるものは「かぶる」です。

3 「～を…する」を「～が…される」とします。

4 (1)「二つのものが食い違わず同じになる」という意味です。(2)「到着した」と言いかえることができます。(3)「曇りや濁りがない。清らかだ」という意味です。

10 文の 組み立て

ステップ1 52～53ページ

1 (□で かこむ ことば)(1)よびました (2)きれいです (3)せん手です
(4)鳴きます (5)おむすびです

2 (□で かこむ ことば)(1)雨が
(2)ねこが (3)日が (4)つばめが
(5)妹が

3 (1)ア (2)イ (3)ア (4)イ (5)イ

4 (1)2・3・(1)・5・4
(2)3・(1)・4・2・5 (4・(1)・2・3・5)
(3)2・(1)・3・4 (3・(1)・2・4)

アドバイス

1 「どうする」「どんなだ」「何だ」に当たる

言葉を、述語といいます。

❷「何が」「だれが」に当たる言葉を、主語といいます。主語は「〜は」「〜も」などの形になっていることもあります。

❸ふさわしい修飾語を選ぶ問題です。(1)「うれしそうに→ふりました」、(3)「気もちよさそうに→ふっています」のように、どの言葉を修飾しているのかをはっきりさせると、どちらがふさわしいかわかりやすくなります。

❹まず主語と述語を見つけて、そこにほかの言葉を付け加えるようにします。なお、(2)・(3)のように、修飾する言葉の順番を少し変えてもよい場合があります。

ここに注意 文は、述語の違いで次の三つの形に分けられます。
①「何が（だれが）、どうする。」
(例)魚が泳ぐ。
②「何が（だれが）、どんなだ。」
(例)水が冷たい。
③「何が（だれが）、何だ。」
(例)私は二年生だ。

ステップ2 54〜55ページ

❶(1)4・〔1〕・3・2
(2)3・2・5・〔1〕・4（2・4・5・〔1〕・3）
(3)〔2〕・3・5・1・4（〔2〕・4・5・1・3）
(4)〔1〕・6・3・5・2・4

❷（□で かこむ ことば）
(1)帰りました (2)すべり台が (3)おちました
(4)わるければ (5)さきそろいました

❸(1)ねこは (2)富士山は (3)だれも
(4)× (5)× (6)ほしいのは

❹(1)ア (2)ウ (3)イ (4)ウ (5)ア (6)ウ

アドバイス

❶(2)や(3)のように、修飾語の順序を入れかえても文の意味が変わらない場合もあります。

❷(1)「とぼとぼと→家に」「とぼとぼと→帰りました」のように、——線部の言葉とそのあとにある言葉を順に組み合わせて、うまく続くほうを選びます。

❸(2)主語と述語の順序が入れかわっています。(3)述語「いません」を見つけ、何（だれ）がいないのかを考えます。(4)(5)主語が省略されています。「あなたが」「わたしが」などの主語は、よく省略されます。

❹述語の違いで文を分類します。(5)「すきだ」は「すきだと思う」という意味で、「どうする」に当たります。

ここに注意 主語は必ずしも「〜が」という形にはなっていません。主語を探すときは、まず述語を見つけ、それに対する「何が」「だれが」に当たる言葉を見つけるようにしましょう。

11 ふごうの つかい方

ステップ1 56〜57ページ

❶(1)……まもります。……ゆるして ください。……まって いるのだ。
(2)……休んで います。……ねて いました。……おきました。
(3)……ばんでした。……出かけました。……来るようです。……聞こえます。……鳴いて います。
(4)……ありました。……ながれて いました。……くらして いました。

❷(1)……あそび、わたしは……
(2)「まず、なかよしの……」
(3)……家で、ばんごはんを……
(4)……かり、お父さんは……
(5)ひと休みしてから、山の……
(6)……言って、みんなで……
(7)……まちがえるので、おちついて……

❸(1)「おい、おい、……しないか。」「だいじょうぶでしょう。」
(2)「さっきの……しわざだぞ。」「えっ？」

アドバイス

1 主語と述語の関係に注意して、文の終わりに句点(。)をつけます。

2 文の中で読点(、)をつけたところは文の切れ目に当たり、意味のまとまりを表します。

3 「　」は会話の部分に使います。

ステップ2　58〜59ページ

1 (1)「……見て　ごらん。……いるよ。」と　言いました。
(2)……出ました。……光りました。
(3)……こんにちは。……こうもりです。……入れて　ください。
(4)……ありませんでした。……いられないほどでした。

2 (1)ぼくは、……どろぼうを、……
(2)ぼくは、……のって、……(……のって、……どろぼうを、……)
(3)わたしは、……おばさんと、……
(4)わたしは、……すわって、……おばさんと、……

3 「もしもし。」
「はいはい、……およびに　なりましたか。」
「あなたは……お人ですか。」
「はい。……もので　あります。」

アドバイス

1 一つの文の終わりに、正しく句点を打てるように注意します。(1)会話文の終わりにも、忘れずに句点を打つことを習慣づけましょう。

2 言いたいことが正しく伝わるように、意味のまとまりに注意して(、)を打ちます。

3 普通の文と、会話文とでは、調子が違います。よく読み比べましょう。

ステップ3　10〜11　60〜61ページ

1 (1)・水が―ザーザー―ながれる。
・風が―そよそよ―ふく。
(2)・あら、―それ―わたしのよ。
・もう―家に―帰ろうよ。
・大声で―母に―言った。

2 (1)……犬が……ほえました。
(2)くまは……うなりました。
(3)……すばらしいのでしょう、……ながめは。

3 (1)……おばさんが、……しました。
(2)……前で、……まって　いました。
(3)「きみ、うれしそうだね。」
(4)……上は、……かたづいて　います。
(5)……「おねがいだから、……してくれないか。」……

---

4 (答えの　れい)
(1)勉強を　して　います。
(2)買いものに　行きました。
(3)せんたくものを　とりこみました。

5
　えりちゃんは、おとな
りにすんでいる一年生で
す。
「みきちゃん。」
と言って、毎朝わたしを
むかえにきます。
　えりちゃんは、少しこ
わがりです。大きな犬が
いる家の前では、いつも
わたしのかげにかくれま
す。
「こわくないよ。」
と、わたしは、えりちゃ
んをはげまします。

アドバイス

1 (1)まず、それぞれの主語にふさわしい述語はどれか、考えましょう。

2 (3)主語と述語の順序が入れかわっていることに、注意します。

3 読点(、)の打ち方に特に注意します。

4 毎日の生活の中でも、よく使われる言い方です。場面を思い浮かべて、適切な文を作るようにします。

5 原稿用紙の使い方には、きまりがあります。ただ写すのではなく、きまりを守って正しく書き直しましょう。

ここに注意 原稿用紙に書くときは、次のことに注意します。
①読点やかぎ(「　」)には、それぞれ一ますずつ使う。
②会話文は、行を改めて書く。
③会話文の終わりの句点とかぎは、一ますに書く。

12 しを読む

ステップ1　62～63ページ

1 (1)かけっこ(ときょうそう)・先(前)・せなか　(2)まけるのいやだよ　くやしいよ　(3)ビリビリビリ

2 (1)二(つ)　(2)小さかった・ながい・ふかい・おおきな・ひろい・たかい　(3)ひろい　(4)イ・エ

アドバイス

1 (1)詩の一つ一つの言葉から、どんなようすかを読み取ります。「びり」「せなか」「うんどうかい」などの言葉から、かけっこで走っているときのようすであることがわかります。答えは(　)の中の言葉でもよいです。(2)「いやだよ　くやしいよ」のところに、はっきりと気持ちが出ています。(3)びりのつらさやくやしさが「ビリビリビリ」という、かたかなの言葉で巧みに表されています。

2 (1)この詩は、一行空きのところで区切れますので、二つのまとまり(連《れん》)からできているといえます。(3)同じ言葉が繰り返されていることに気づきましょう。(4)「ながい　ながい」「ふかい　ふかい」のような繰り返しに注目します。また、二つ目のまとまりが原因・理由を述べているので、普通は、この部分が前にくるところですが、あとにもってきて、感動を強めていることに注意します。「倒置法」という表現技法です。

ここに注意 詩の中で、一行空きなどを入れて区切られたまとまりを連といいます。この連と連のつながりに気をつけて、詩を読むようにしましょう。

ステップ2　64～65ページ

1 (1)草の子　(2)大きく(おとなに)　(3)草の子・母さん

2 (1)四(つ)　(2)①アーウと答えます　②じっと見ています　③アーウと言います　(3)イ　(4)ぼくの犬は無口です

アドバイス

1 (1)「母さん知らぬ」は、次の行の「草の子」にかかっています。この詩では「草」や「土」を人間のように表していることに注意しましょう。(2)小さな草が大きくなって、青々とした葉を広げているようすを思い浮かべましょう。(3)土は、母さんの草にかわり、すべての草の子を大事に育てる、まるで草の母さんのようだと、作者は感じています。

2 (1)一行空きのところで区切って、数えましょう。第四連は一行ですが、これも連の一つです。(2)第一連から第三連までに、「ぼく」が声をかけたときの、犬の「無口」なようすがユーモラスに描かれています。(4)前の三つの連を受けて、第四連ではじめて、作者の言いたかったことがはっきりと述べられています。

13 話し合いの 文を 読む

ステップ1　66～67ページ

1 (1)六人　(2)①りさ・まさみ　②けんご・はるか　(3)ア・イ

2 (1)イ　(2)学級の　本・きめられた　日(期日)　(3)・本を　かりる　ときに、かえす

日を 書いた 紙を はさむ。
・本の かかりを きめる。

アドバイス

1 まず、話題が何なのかを考えます。次に、その話題について、だれが、どんなことを述べているかを読み取ります。

2 ゆきなが問題提起をし、まさとが問題が起きる原因を指摘したあと、ななが解決策を提案しています。「……ば いいと 思います。」「……どうでしょうか。」という提案のしかたに注目しましょう。

ステップ2 68〜69ページ

1 (1)①ウ ②ア (2)ウ (3)四人 (4)イ
(5)石原さん…五月十三日・玉川くん…五月三十日
(6)石原さんが、小さい ころ 体が弱かったから。
(7)自分の たん生日と クラスの たん生会が かさなったから。
(8)北海道
(9)(答えの れい)三月まで すんでいた 北海道の ようすを、みんなに見て もらいたいから。 (10)ア

アドバイス

1 どういう会なのかを考えて、「まず」「つぎは」「では」「さいごに」などの言葉によって、話し合いがすすんでいることに気づきましょう。

14 せつめい文を 読む

ステップ1 70〜71ページ

1 (1)ウ・エ・ア・カ(ウとエは じゅんばんが かわっても よい。)
(2)エ (3)はしら(木)・おに
(4)(子どもが) べつの はしらへ うつろうと した とき。 (5)イ

アドバイス

1 この文章では、第一段落で、「はしらおに」とは、どんな遊びかを説明して、第二段落から詳しい遊び方を説明しています。(2)つなぎことば(接続語)の問題です。第一段落と第二段落とが、どんなつながり方をしているかを考えましょう。(3)まず、「じゅもん」というのがどの言葉を指しているかをつかみます。そして、「……出ないと おに」の意味を考えるようにします。(5)アとウの内容は、この文章には書かれていないので、答えから外します。

ここに注意 文章の中の、内容のひとまとまりを、段落といいます。ふつう、段落の始めは一字下げて書いています。段落ごとに内容をていねいに読み取ります。

ステップ2 72〜73ページ

1 (1)エ (2)ウ
(3)カバが、遠くまで 草を さがしに 出かける とき。
(4)ウ (5)なかま

アドバイス

1 動物のうんちやおしっこの働きについて、説明しています。「そのとき」「これは」などの指示語は、その内容を考えながら読み進めるように習慣づけましょう。

ここに注意 説明文では、「〜でしょうか。」のような、問いかけの文に注意します。読者に問いかけることで、提示する話題に関心を向けさせる働きをしているのです。

15 ものがたりを 読む

ステップ1 74〜75ページ

1 (1)ウ (2)たべもの(まめや かつおぶし の かけら)・しるし (3)子りす
(4)イ (5)ア

アドバイス

1 春を待ちわびるおじいさんのために、子りすが「春のしるし」をさがしに出かけます。
(1)「春が 来れば……よく なるだろう

に。」という、おじいさんの言葉から考えます。(3)省略されている主語は、その前の文と同じである場合が多いものです。(4)「〜めく」とは、「〜らしくなる」という意味です。

ここに注意 「いつ(時)」「どこで(場所)」「だれが(人物)」「何をした(できごと)」をまとめて、**場面**といいます。物語文を読むときは、場面を正確にとらえ、できごとによってどのような心情の変化が起きたのかを読み取ります。

ステップ2　76〜77ページ

1 (1)イ　(2)しらかばたち　(3)エ　(4)イ　(5)・はい色　・はだかんぼう

アドバイス

1 繰り返される「早く 春を つれて こい。」という言葉から、春を待ち望む主人公の気持ちを読み取ります。(1)北風やしらかばたちを人間のように表現している(擬人法)ことに、特徴がある文章です。答えは**イ**か**ウ**か、迷うところですが、**イ**のことをたとえた表現であると理解しましょう。(2)——線②のあとの、「ぐんぐと……春をつれて こい。」も、同じものに向かって言っています。(4)空欄の前後の、「ヒュルル ヒュルルと」「また、……マフラーをさらって」に注目します。

16 文章の すじを 読む

ステップ1　78〜79ページ

1 (1)教室
(2)ミドリ・マリ子・タカシ・森(くん)(じゅんじょは ちがっても よい。)
(3)㋐ミドリ　㋑タカシ　㋒ミドリ
(4)犬
(5)①リリー・一週間・シロ　②タカシは、きゅうに むねが どきどきしてきました。
(6)もし、シロが、ミドリの 犬だったら、かえさなくては ならないから。

アドバイス

1 登場人物のしたこと、言ったことに注意しながら、できごとの展開や人物の気持ちの変化を読み取るようにします。(2)中心になっているのはタカシとミドリです。「マリ子」と「森くん」は、ここでは名前だけ。「リリー」「シロ」は、子犬につけた名前なので、答えから外します。(3)それぞれ、会話文の前後の文に注目しましょう。(4)タカシが「リリーって、何?」と聞いたあと、ミドリが「犬よ。白い、かわいい子犬よ。…」と答えています。(5)タカシとミドリの「リリー」についての会話や、——線㋓の前後の文に注目しましょう。(6)すぐあとの「もし、シロが……からです。」という理由を述べる言い方に注目しましょう。

ステップ2　80〜81ページ

1 (1)きせつに よって すむ ばしょを かえる 鳥。
(2)日本より 北に ある シベリアなど。
(3)(北の 国では)冬の さむさは とても きびしく、みずうみは こおって しまうし、えさも とれなく なるから。

2 (1)白・ぶち
(2)(答えの れい)(赤たち 三びきの)金魚には、手が ないから。
(3)①金魚　②きっぷ・えきふ　③心配

アドバイス

1 第一段落で、北の国からやってくるハクチョウについて説明して、第二段落で、なぜ、ハクチョウは冬になると日本にやってくるのかという理由を説明しています。(3)第二段落の「そこでは……なるので」という理由を述べる言い方に着目します。

2 「赤」と「ほかの 二ひき」が金魚であることと、その三びきが電車に乗ろうとしているのだということを読み取ります。

12〜16 ステップ3 ❶ 82〜83ページ

1 (1)いちにんまえの 木 (2)㋑ア ㋓ウ
(3)どんぐり
(4)しもに 当たらなかった どんぐり・ねを 出さなかった どんぐり
(5)①め・すくすくと 大きく そだつ
②ア・エ

アドバイス

1 話が込み入っていますので、丁寧に読むようにします。(4)「その」とは、「しっかり ねを つけて 冬を こして きた どんぐり」のことです。これ以外のものを、前の段落から探します。(5)——線㋕のすぐ前とあとの段落に注目します。

12〜16 ステップ3 ❷ 84〜85ページ

1 (1)①ア ③エ
(2)名前・えっちゃん・きつね・牛
(3)イ (4)ウ (5)ア

アドバイス

1 できごとと、それを受けて人物がどのように行動しているのかを読み取ります。(1)③は、大男がぼうしを口の中に入れたようすです。(2)えっちゃんたちが口々に「それ、あたしのよ。」などと言ったあとの言葉です。(5)——線⑥の前の大男の言動と、あとの牛自身の行動から考えます。

17 生活文を 書く

ステップ1 86〜87ページ

1 (答えの れい)(1)わたしは かさを ささずに 走って 帰りました。
(2)学校を 休んで しまいました。
(3)自分の へやで ねて いました。
(4)友だちが 「だいじょうぶ。」と いって おみまいに 来てくれました。

2 (1)(答えの れい)きゅうに かみの 毛を 切るのが おしく なったのを、がまんしたから。
(2)②かみの 毛を 切る はさみの 音
③かみの 毛が おちる 音 (3)イ
(4)①わたしは、かみの 毛を 切りに とこやさんへ 行った。
⑤わたしは 目を つぶって、はさみの 音を 聞いて いた。

アドバイス

1 「〜けれど」「それで」「〜ので」「そして」などのつなぎことばに気をつけましょう。

2 大事にしていた髪の毛を切るときにどう感じたかを考えながら読み取りましょう。(4)文章の該当する部分を、簡潔にまとめて書きます。

ステップ2 88〜89ページ

1 (1)じゃがいも
(2)②エ ③ア ④オ
(3)(答えの れい)思って いたより たくさんの じゃがいもが 出て きたから。
(4)しなびて、ぐじゃぐじゃに なった じゃがいも

2 (1)①ぼくと お父さんと お母さんと 妹が ②五月五日 ③山で ④わらびを とった
(2)下の けしきを 見た。
(3)①ならんで いるように 見えた。
②まがりくねって ながれて いた。
(4)日当たりの よい ところ
(5)くきの ね元から おる。

アドバイス

1 (2)文脈から考えて、いちばんよい言葉を選びます。②は、すぐあとに「音が して」とあるので、かたかなの言葉に注目してみましょう。(3)「七つも」の「も」に込められた気持ちを考えます。

2 場面とできごとの順序を、正しく読み取り

ましょう。

18 手紙を 書く

ステップ1 90〜91ページ

❶ (1)あやか(さん)・おばあちゃん (2)② (3)・神社の 森で せみを とった こと。
・川で 魚を とった こと。
・みんなで 花火を した こと。
(4)夏

❷ (1)どうぶつ園の しごと
(2)本や インターネットで しらべ・じっさいに、はたらいて いる 人たちに お話を 聞かせて もらう
(3)六人
(4)しいくいんさんたちの お話を 聞かせて もらいたい。

アドバイス

❶ この手紙で何を言おうとしているか、書いてある事柄を整理して考えましょう。

❷ 仕事の話を聞かせてほしいという、お願いの手紙です。用件の前に、お願いをするに至った事情を説明しています。

ここに注意 手紙は、**前書き→本文→あとがき** という形式で書きます。前書きとあとがきはあいさつの部分で、用件は本文に書きます。

ステップ2 92〜93ページ

❶ (1)早川 たかし・川田 ゆきや(くん)
(2)(答えの れい)①なんとか 前の 組に おいつこうと ひっしで 走りました。一人 おいぬきました。
②とても くるしく なりました。でも、むちゅうで 走って、気が つくと 一いで ゴールして いました。

❷ (1)イ
(2)二年一組・おうちの みなさん
(3)(答えの れい)新学期《しんがっき》が はじまって 一週間が たち、新しい 組にも なれて きました。おうちの みなさんは お元気で おすごしでしょうか。

アドバイス

❶ (2)けがで欠席中の友だちに、運動会の練習のようすを知らせてあげるつもりで書きましょう。絵を見て、場面を考えながら自由に書きます。「答えのれい」と少し違っていても、ようすがわかる文であればいいでしょう。

❷ (3)前書きは、本題に入る前の、あいさつの部分です。手紙が書かれた日付から、新学期が始まってまもないことがわかります。そのことを手がかりにすると、書きやすいでしょう。

19 かんさつ文・きろく文を 書く

ステップ1 94〜95ページ

❶ (1)大木くん (2)あわの かたまり
(3)あわの かたまりのような もの
(4)かまきりの 子
(5)①イ ②はねが ない こと。
③一センチメートル
④茶色・青白い 色

アドバイス

❶ 起こったことや観察したことを、丁寧に読んでいきます。

ここに注意 記録文の書き方
①事実をありのままに書く。
②感想や意見は、事実とはっきり区別して書く。
③順序よく、簡潔に書く。

ステップ2 96〜97ページ

❶ (1)①ゆうらんひ行き・東京の 町を 見る ②東京の 近くの 町に ある ひ行場 ③父
(2)①ぼくと 父(ぼくたち) ②ゆうらんひ行き(の のり場)
(3)六人のりの ゆうらんひ行き
(4)(答えの れい)①(しかし)、きゃく

は　父と　ぼくだけでした。
②(だから)、パイロットは、ぼくたちの　ために　いろいろ　せつめいをしながら　とんで　くれました。
③(それに)、ひ行きから　おりた　ときは、きねんに　バッジまで　くれました。

2 (答えの　れい)(1)ぼくは、遠足の　絵を　しあげる　ことが　できませんでした。
(2)お母さんに　おつかいを　たのまれたので、あそべなく　なりました。
(3)公園の　中に　いた　犬に　おいかけられました。
(4)家の　まわりを　さんぽしました。

アドバイス
1 (4)つなぎことばをうまく使って、お話を続けて書きましょう。
2 それぞれのつなぎことばの働きを考えて、文を続けましょう。

20 じゅんじょよく　書く

ステップ1　98～99ページ

1 (1)①きのう　②お父さんに
③スキーの　すべり方を
(2)①にわ　②スキーを　はいて　歩く　れんしゅう　(3)下の　ほう

2 (答えの　れい)(1)ちょうが　その　本に　とまりました。
(2)かぶって　いた　ぼうしを　とって、さっと　本の　上に　かぶせました。
(3)その　しゅんかん、ちょうは　すばやく　とんで　にげました。

3 (1)①さなぎ・頭　②体　③羽
(2)やく　四十日

アドバイス
1 「いつ」「どこで」「だれが」「何を」「どうしたか」を考えて文章を読み取ることは、実際に自分で文章を書くときにも役立ちます。順序に気をつけて、正しく読み取りましょう。
2 (2)に「その　ちょう」とありますから、(1)ではちょうについて書きます。

ステップ2　100～101ページ

1 (1)花・わた毛
(2)①イ　②ア　③ウ

2 (答えの　れい)(1)学校から　帰って、わたしは　しゅくだいを　して　いました。
(2)すると、お母さんが　やって　きて、「おつかいに　行って　きて。」と　言いました。
(3)わたしは、しゅくだいを　早く　すませようと　思って　いたから、おつかいに　行きたく　ありませんでした。
(4)でも、おつかいから　帰って　くると、お母さんが　とても　うれしそうに　「ありがとう。」と　言って　くれたので、わたしは　うれしく　なりました。

アドバイス
1 (1)説明する文章を書くときは、初めにその事柄を書こうと思ったきっかけや、何について説明するかを書くと、わかりやすい文章になります。この文章でも、初めの三行で何について書くかをはっきりと示しています。「どうしてなのでしょうか」という問いかけにも注目しましょう。(2)月日やできごとの順序にそって、事柄を整理して書くと、わかりやすい文章になります。この文章でも、たんぽぽの花が咲き、綿毛ができて、飛んでいくまでの様子を順に書いて、そのつど、訳も書いていることに注意しましょう。
2 絵を見て、時間の移り変わりに従って、どんなできごとが起こったか、また、そのときの「わたし」の気持ちはどうかを、自分のこととして考えましょう。「答えのれい」では、会話も入れて、ようすがよくわかる文にしています。

ここに注意 文章を書くときは、次の順序で書いていくようにします。
(1)すぐに文章は書かない。
①何について書くかを決める。
②それについて、何を中心に書くかを決める。
③どんな順序で事柄を並べて書くとよいかを決める。
(2)考えた順序にしたがって、文章を書いていく。
(3)途中で書きにくくなったら、前のほうを読みかえして続きを考える。
(4)書き終わったら、全体を読みかえして、よりよい文章にしあげる。

17〜20 ステップ3 ❶　102〜103ページ

1 (1)この　まえの　日曜日
(2)まさとくんと
(3)小さな　雪の　玉・ころがした
(4)雪の　上で　雪の　玉を　ころがす　きょうそう
(5)ぼくの　玉の　ほうが　大きかったから。　(6)雪だるま　(7)ア　(8)ウ
(9)雪だるまの　目や　口
(10)(答えの　れい)①(また)、雪だるまに　ぼうしも　かぶせようと　思った　ぼくは、ものおきに　行って　バケツを　さがして　きました。②(そして)、バケツを　かぶせると、りっぱな　雪だるまが　できあがりました。③(それで)、ぼくたちは　うれしくなって、雪だるまの　まわりで　雪がっせんを　して　あそびました。

アドバイス
1 普通、文章は、時間や場面の移り変わりに従って事柄が並べられています。文章を書くときも、そのことに注意して、順序よく書いていくようにしましょう。

17〜20 ステップ3 ❷　104〜105ページ

1 (1)竹とんぼの　とばし方
(2)りょう手で　竹とんぼの　じくを　はさみ、じくを　回して　とばす　あそび。　(3)①ウ　②オ
(4)(右から　じゅんに)3・1・4・2・5
(5)竹とんぼを　前に　なげようと　するのでは　なく、じくを　しっかりと　回す　こと。

アドバイス
1 (1)この文章の初めに、話題の中心が示されています。(3)「まず」「つぎに」などの言葉を使って、順序よく説明されていることに気づきましょう。

そうふくしゅうテスト①　106〜107ページ

1 (1)冬　(2)右　(3)少　(4)近　(5)昼　(6)買　(7)手　(8)弱　(9)後　(10)母　(11)地　(12)秋　(13)雨　(14)入
2 (右から)(1)はる・しゅん　(2)ご・あと　(3)かな・きん　(4)よ・や　(5)ず・と　(6)ば・じょう　(7)く・こう　(8)そら・くう
3 (1)のむ　(2)くいしばる　(3)長くする　(4)かたむける　(5)丸くする　(6)組む
4 (答えの　れい)もし　明日　雨が　ふったなら、遠足は　中止します。
5 (1)ウ・ア・イ　(2)イ・ア
6 (1)おっしゃいました(言われました)　(2)おいでに　なりました(来られました・いらっしゃいました)　(3)くださいました
7 (答えの　れい)(1)しかし、だれも　いなくて　こまって　いました。
(2)その　とき、六年生の　お姉さんが

入って　来ました。そして、ないて
いる　ぼくを　すわらせて、けがの
手当てを　して　くれました。
(3)そこへ　ほけんの　先生が　入って
来られました。ぼくたちの　ようすを
見て　にこっと　わらうと、「よかった。やさしい　お姉さんね。」と　おっしゃいました。

アドバイス

1 漢字の意味を考えて、反対の意味をもつ漢字を思い出します。(5)は、「昼夜」という熟語はあっても、「朝夜」という熟語はないことから考えます。

2 一つの漢字にはいろいろな読み方があります。(8)「空」には、このほかにも、「から」「あ(く)」などの読みがあります。たくさんの文にふれて、どのような読み方をされているか知ることが大切です。

3 (1)〜(6)は慣用句です。「いきをのむ」は「驚いて息を止める」、「首を長くする」は「待ち遠しく思う」など、それぞれ意味があるので、わからないものは調べて、覚えるようにします。

4 「ある事柄が起こったら…」というときに、「もし〜なら…」というようなきまった言い方を使います。このようなきまった言葉の使い方を覚えておくと、文章を読んだり書いたりするときに役立ちます。

5 (1)では順序を表すつなぎことば(接続語)の並べ方が、(2)ではこそあどことば(指示語)の使い方が問題になっています。どの言葉を入れるといちばんよいか考えましょう。

6 目上の人に対する言葉づかいに注意しましょう。

7 学校生活の中でよくあることです。絵を見て、自分なりにその場面を思い浮かべましょう。

そうふくしゅうテスト②　108〜109ページ

1 (1)ア　(2)ぼく・ゆうびんばこ
(3)①(答えの　れい)ぼくが、「手紙をください。」と　書いて　ある　いちじくの　はっぱを　見つけた　とき。
②かえるが、ぼくに　あてて　手紙を書いて　いた　こと。
(4)イ　(5)ウ　(6)かえるの　じゅうしょ

アドバイス

1 (1)(2)心情を表す言葉はありませんが、——線㋐のかえるの行動からは、手紙を待ち遠しく思う気持ちが、——線㋑からは、「ぼく」からの手紙が来ないことに失望する気持ちが読み取れます。(4)[㋓]を含む一文は、その前の文の理由を表していることに注意しましょう。

そうふくしゅうテスト③　110〜112ページ

1 (1)㋐みじかい　㋑ひくい　㋒近い
(2)もし　ゾウの　(3)①ウ　③オ
(4)(水を　すいこんだ)はな　(5)ア×
イ○　ウ×　エ○　オ○

2 (じゅんに)(1)は・じしゃく・を・くっつけ　(2)でんしゃ・レール・つづく
(3)ノート・えんぴつ

3 (1)教える　(2)通じる　(3)分ける

4 「わたしの……わかります。……しょうこです。」
「そんなら……みせて　ください。」
「チ、チ、チ、チ、チ。」
……鳴《な》いて　みせました。

アドバイス

1 (2)文章の冒頭に「もし……でしょうか。」と、読者に問いかける形で問題提起がなされています。(3)つなぎことば(接続語)の問題です。前の段落の内容との関係を考えます。[③]に入る「このように」は、前に述べた事柄を受けて、結論を言ったり、まとめたりするときによく使われます。(5)それぞれの段落の内容をしっかり読み取るようにしましょう。

4 文の終わりに(。)を、会話の部分に「　」をつけます。